強い人材が強い企業をつくる

公的資格試験 **ビジネス・キャリア**

ビジネス・キャリア

JN117678

8つの分野
41試験

- 人事・人材開発・労務管理
- 企業法務・総務
- 経理・財務管理
- 生産管理
- 経営戦略
- ロジスティクス
- 経営情報システム
- 営業・マーケティング

厚生労働省が定める職業能力評価基準に準拠

後援：厚生労働省（ロジスティクス分野 後援：経済産業省／国土交通省）
（生産管理分野 後援：経済産業省）

前期試験 1級 2級 3級

試験日程	試験日	**令和6年10月6日(日)**
	申請期間	令和6年4月22日(月)～令和6年7月12日(金)
実施地		**全国47都道府県にて実施**

後期試験 2級 3級 BASIC級

試験日程	試験日	**令和7年2月16日(日)**
	申請期間	令和6年10月7日(月)～令和6年12月6日(金)
実施地		**全国47都道府県にて実施**

受験申請に関するお問い合わせ先
ビジネス・キャリア検定試験運営事務局

〒101-0042 東京都千代田区神田東松下町28番地4
神田東松下町飯田鈑螺ビル（3階・4階）日販セグモ内

E-mail：business-career@kentei-uketsuke.com

JAVADA
JAPAN VOCATIONAL ABILITY DEVELOPMENT ASSOCIATION
中央職業能力開発協会

〒160-8327 東京都新宿区西新宿7-5-25
西新宿プライムスクエア11階
TEL 03-6758-2836・2909　FAX 03-3365-2716
https://www.javada.or.jp/jigyou/gino/business/index.html

職業能力開発促進法に基づき設立された厚生労働省所管の公的団体です。

ビジキャリ とは、"職務を遂行する上で必要となる知識の習得と実務能力の評価を行うことを目的とした公的資格試験"です

◆ 受験者数は延べ70万人超の実績のある試験です

◆ 厚生労働省の後援をいただいております
（ロジスティクス分野においては経済産業省・国土交通省の後援をいただいております）
（生産管理分野においては経済産業省の後援をいただいております）

① 自分の受けたい科目を選ぶ
8分野41試験の中から自分に合った試験を選んでみよう

② ビジキャリに申し込む！
申請方法は個人申請と一括申請*の2種類！ビジキャリHPから申請してみよう
（※）企業などで一括して申請する方法です

③ 標準テキストor認定講座でしっかり学習
標準テキストを読み込み試験日に備えよう
ビジキャリHPでは過去問題と認定講座の紹介もしています

④ 試験日
試験日当日！受験票を忘れずに、余裕を持って会場へ

⑤ 合格発表
ビジキャリHPで合格者番号を確認しよう

ビジキャリ受験の **5step**

詳細はWEBで
ビジキャリ [検索]

合格者の声

3級 人事・人材開発

人事・労務についてここまで体系立てて、またテキストもしっかりしている検定は他になく、知識補完の上でとても有意義であると感じた。
受験を通じ人事業務において必要な知識の再整理ができたことで、改めて自分の立ち位置を確認することができ、今後進むべき方向性を知る道標にもなったように思う。

2級 営業

自分の仕事内容では、本試験は出題範囲が業務上、関連していることも多く、全般的に知識を整理することができた。
また、営業3級と2級のテキストを購入したが、試験の勉強目的以外にも、日常的な仕事内容でも考え方のヒントになることも多く、単純に書籍として良いものだと感じている。

受験情報　　◆ だれでもどの級からでも受験ができます　　◆ 全国47都道府県で実施しています

等級	想定される受験対象者	受験料（税込）	出題形式	合否基準	試験時間
1級 ＊前期のみ	部長、ディレクター相当職を目指す方	12,100円	論述式（2問）	試験全体として概ね60%以上かつ問題毎に30%以上の得点	150分
2級	課長、マネージャー相当職を目指す方	8,800円	マークシート（5肢択一/40問）	出題数の概ね60%以上の正答	110分
3級	係長、リーダー相当職を目指す方	7,920円	マークシート（4肢択一/40問）	出題数の概ね60%以上の正答	110分
BASIC級 ＊後期のみ	学生、内定者、就職希望者　等	4,950円	マークシート（真偽法/70問）	出題数の概ね70%以上の正答	60分

ビジネス・キャリア検定試験® 標準テキスト

専門知識

生産管理 プランニング

渡邉 一衛 監修
中央職業能力開発協会 編

3級

第4版

発売元 社会保険研究所

ビジネス・キャリア検定試験
標準テキストについて

　企業の目的は、社会的ルールの遵守を前提に、社会的責任について配慮しつつ、公正な競争を通じて利潤を追求し永続的な発展を図ることにあります。その目的を達成する原動力となるのが人材であり、人材こそが付加価値や企業競争力の源泉となるという意味で最大の経営資源と言えます。企業においては、その貴重な経営資源である個々の従業員の職務遂行能力を高めるとともに、その職務遂行能力を適正に評価して活用することが最も重要な課題の一つです。

　中央職業能力開発協会では、「仕事ができる人材（幅広い専門知識や職務遂行能力を活用して、期待される成果や目標を達成できる人材）」に求められる専門知識の習得と実務能力を評価するための「ビジネス・キャリア検定試験」を実施しております。このビジネス・キャリア検定試験は、厚生労働省の定める職業能力評価基準に準拠しており、ビジネス・パーソンに必要とされる事務系職種を幅広く網羅した唯一の包括的な公的資格試験です。

　3級試験では、係長、リーダー等を目指す方を対象とし、担当職務に関する専門知識を基に、上司の指示・助言を踏まえ、自ら問題意識を持って定例的業務を確実に遂行できる人材の育成と能力評価を目指しています。

　中央職業能力開発協会では、ビジネス・キャリア検定試験の実施とともに、学習環境を整備することを目的として、標準テキストを発刊しております。

　本書は、3級試験の受験対策だけでなく、その職務の担当者として特定の企業だけでなくあらゆる企業で通用する実務能力の習得にも活用することができます。また、異動等によって初めてその職務に就いた方々、あるいは将来その職務に就くことを希望する方々が、職務内容の体系的な把握やその裏付けとなる理論や考え方等の理解を通じて、自信を持って職務が遂行できるようになることを目標にしています。

標準テキストは、読者が学習しやすく、また効果的に学習を進めていただくために次のような構成としています。

　現在、学習している章がテキスト全体の中でどのような位置付けにあり、どのようなねらいがあるのかをまず理解し、その上で節ごとに学習する重要ポイントを押さえながら学習することにより、全体像を俯瞰しつつより効果的に学習を進めることができます。さらに、章ごとの確認問題を用いて理解度を確認することにより、理解の促進を図ることができます。

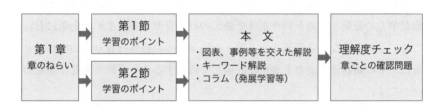

　本書が企業の人材力の向上、ビジネス・パーソンのキャリア形成の一助となれば幸いです。

　最後に、本書の刊行に当たり、多大なご協力をいただきました監修者、執筆者、社会保険研究所編集部の皆様に対し、厚く御礼申し上げます。

中 央 職 業 能 力 開 発 協 会

（職業能力開発促進法に基づき国の認可を受けて
設立された職業能力開発の中核的専門機関　）

ビジネス・キャリア検定試験　生産管理分野
標準テキストの改訂に当たって
〔生産管理分野における「共通知識」及び「専門知識」について〕

　ビジネス・キャリア検定試験における生産管理分野におきましては、生産工程の川上から川下までの流れの中に存在する様々な領域を、関連する作業領域でまとめ、生産管理分野の知識として分類整理し、各試験区分にまとめさせていただいております。

　今般の改訂では、3級、2級共に、試験の範囲を「プランニング」（計画にかかわるもの）と「オペレーション」（実作業にかかわるもの）に大きく区分し、それぞれの試験区分の中での領域特有の知識について「専門知識」としてまとめた他、従前通り、全領域に共通して必要な「品質管理」、「原価管理」、「納期管理」、「安全衛生管理」、「環境管理」のいわゆるQCDSEの5つの管理項目にかかわる知識を「共通知識」といたしました。したがいまして、1つの試験区分の学習には「専門知識」と「共通知識」の2冊のテキストが必要ですが、同じ級の別の試験区分を学習するときには、その試験区分の「専門知識」のテキストのみの追加で済むことになります。

　また、今回の改訂では、これまでと同様に用語の多くをJIS（日本産業規格）から引用し、用語の標準化を図る一方、索引に掲載する用語を大幅に増やして検索しやすくいたしました。

　このように、効率的に学習でき、実務でも活用しやすいテキストの編集とさせていただきましたので、ビジネス・キャリア検定試験の準備にとどまらず、業務を進めるときにもご活用いただきたく存じます。

令和5年4月28日
監　修　者

〔参考〕生産管理分野　標準テキスト一覧
【共通知識】生産管理2級
　　　　　　生産管理3級
【専門知識】生産管理プランニング2級
　　　　　　生産管理プランニング3級
　　　　　　生産管理オペレーション2級
　　　　　　生産管理オペレーション3級

目次

ビジネス・キャリア検定試験 標準テキスト
【専門知識】生産管理プランニング **3級**〔第4版〕

生産システムと生産形態

この章のねらい

　第1章では、生産システムと生産管理の基礎、そして生産形態の分類について学ぶ。

　第1節では、生産システムの構成を、(1) 製品企画・設計システム、(2) 資材・物流システム、(3) 製造システム、の観点から学ぶ。次に、生産管理の基礎として、広義の生産管理を6つの諸管理活動からとらえる：①工程管理、②品質管理、③原価管理、④設備管理、⑤作業管理、⑥資材管理。

　第2節では、生産形態の分類を、(1) 受注の仕方、(2) 生産品種と生産量、(3) 製品の流し方、の3つの視点から分類・整理し、それぞれの特徴や管理上のポイントを学ぶ。そして、それぞれの生産形態が相互に関連していることを理解する。

第 **1** 節 | # 生産システムと生産管理の基礎

◆生産とは、何かを新しく作り出すことで、生み出された産出物は、有形の場合にはモノ、無形の場合にはサービスである。製造業の工場で産出するのは主に有形の製品である場合が多く、この「物的な生産」のことを一般に製造という。ただ、双方を区別しないで用いる場合もある。

◆製造活動とは、建物などの施設、機械・設備、原材料・部品などの資材、労働力、エネルギーなどの諸資源を用いて、製品を作り出す活動である。製造業においては、生産活動が付加価値を生み出す源泉となる。

◆製造活動を円滑に行うためには、それらの諸資源を継続的に調達し続けねばならず、この活動のことを調達活動と呼ぶ。

◆そして、製造活動によって産出され、製品やサービスが市場に供給される際に、製造活動以外の業務によりさらなる付加価値が加えられ、市場を開発・維持・拡大する活動を、販売活動と呼ぶ。

◆本節では、広義の生産システムの観点からとらえ、①製品企画・設計システム、②資材・物流システム、③製造システム、について解説する。

◆さらに、そのための管理システムとして、①管理サイクル、②生産に関する各種管理活動、の項目を示す。

1 生産システムの構造

　図表1-1-1に、経営活動における生産システムと生産管理システムの関連性を示した。ここでは、まず製品企画と製品設計について説明する。次に、資材システムと物流システムについて示す。そしてそれらの活動やシステムがどのように関連して、製造システムから最終製品が市場へ供給できているのかについて説明する。

　2では、この製造システムでの製造活動をマネジメントの観点から実現する、広義の生産管理システムについて説明する。

図表1-1-1 ● 経営活動における生産システムと生産管理システムの関連

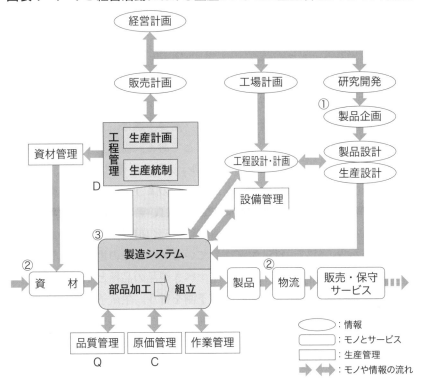

（1）製品企画・設計システム

Ⅰ 製品企画と製品計画

　製品企画・製品計画では、マーケティング活動などにより企業環境（市場ニーズ、競合企業の動向、社会経済の状況）を的確に把握し、自社技術の開発状況（技術調査）に基づき、新製品のコンセプトをまとめ、品質目標・性能目標・原価目標を設定する。そして、販売目標数や製品ライフサイクルの見積もり、さらに利益計画に基づいた製品化の審査、目標とした販売時期から製品開発プロジェクトのスケジュール（大日程計画に影響を与える）を決定し、プロジェクトの組織体制を整える。

　販売部門では、市場の需要動向を踏まえて、販売計画を策定する。この販売計画を立案するうえで、販売側のセールス・マーケティング活動などに加えて、市場からの潜在的な需要を把握することが必要となる。需要予測は、統計的手法を過去の需要や販売実績に適用することで将来を予測するものである。

　需要予測では、過去の製品または類似製品の販売、需要などの実績値を蓄積しておくことが必須であり、マーケティング活動や競合企業の動向などに関する事実の集積が望まれる。需要予測は、意思決定のために将来における需要の見通しを立てることである。需要量は製品の基本的な変動、すなわち、製品ライフサイクル、人口、所得水準などの社会的・経済的な動向あるいは周期的・季節的変動のようなさまざまな要因に影響されて変化している。企業活動においては、新製品開発、設備計画、人事計画などの将来計画を立案する際に、その前提として需要予測を行うことがある。特に、見込生産をしているメーカーの場合に、生産管理においては、将来のある期間に生産すべき製品の品種とその生産数量を決める生産計画を作成する前に需要予測を行う。生産予測は生産計画のための需要予測である。

　生産計画には、設備投資や新工場計画などを立案する長期計画と、年間の生産稼働日や人員確保などを決める中期計画、さらに、日常の日程計画などを決める短期計画がある。需要予測の細かさもそれらの生産計画

のレベルに合わせる必要があり、主に次の3種類の予測が行われている。

①　長期予測では、1年以上で新製品開発計画、設備投資計画、人員計画などの立案を目的として、投資対象の製品・品種に対して、平均および最大・最小などを含めた傾向変動について需要量を予測する。

②　中期計画では、半年から1年間の予算作成に必要な事項として、要員計画、生産・調達のリードタイム、調達品目、生産計画・材料計画・在庫計画を予測する製品の品種グループ単位での月別需要量を予測する。

③　短期計画では、現時点から数ヵ月先までの生産活動を対象とする事項で、工程計画、資材購買計画、外注計画などの立案を目的として、週または日単位での需要量を予測する。

Ⅱ　製品設計および生産設計

　製品設計では、前述した製品企画で定めた新製品のコンセプトを具体化する。製品設計とは、「期待する製品の性能を発揮させるために、構成部品の機能・形状とそれらの関連とを決める活動」（JIS Z 8141：2022-3108）と定義される。製品設計として、意匠設計や機能設計を含む基本設計、そして部品設計を含む詳細設計がなされる。そのために設計図を制作し、製品の部品構成を部品構成表として定義し、製品やそれらの部品の寸法や素材などの設計諸元を仕様書としてまとめる。

　なお、機能設計とは、「期待する製品の性能を発揮するのに必要な機能とそれらの関連とを求め、各機能を実現させる構造を求める活動、又はその構造図」（JIS Z 8141：2022-3109）と定義される。製品機能は、その機能を欠くと製品本来の目的が果たせない基本機能（第1次機能）と、その基本機能を発揮する際にそれぞれが関連しながら分化された働きをもつ付随機能（第2次機能）とに分けられる。たとえば、冷蔵庫でいえば、食品の鮮度を保つために温度を管理するという製品本来の目的に対して、基本機能の1つに「収納し冷却する」ことがある。そのための付随機能としては、たとえば、「収納しやすい」「収納スペースが広い」「冷却レベルが自由に設定できる」などが考えられる。

　以上の製品設計プロセスの中でも部品構成表（Bill of Materials：BOM）は、生産管理におけるさまざまな管理業務に利用される重要な情報であり、たとえば、工程設計、生産計画に対応した材料計画、資材管理、原価管理、販売管理などでそれぞれの目的のためにこの部品構成表情報を参照することがある。

　なお、このような製品開発プロセスの各段階で、デザインレビュー（Design Review＝DR、設計審査）が行われるとともに、試作や試験が繰り返される。また生産設計の観点から、作りやすくて、コスト削減がねらえる製品設計へと変更・改良する。この生産設計では、製品設計の結果に影響を受ける資材コスト、設備コスト、および加工や組立作業などに要するコスト削減をねらっている。前述した機能設計では、製品自体を対象として各機能を実現させる構造を決めた。一方、生産設計では、その製品を設計する際に、加工、組立、運搬、荷役、保管、検査という各工程での作業、設備または環境に対する容易性・安全性・経済性・弊害性などについても考慮する必要がある。一般に、製品関連の技術領域に関連した機能設計が行われた後に、生産技術領域が関与する生産設計によって製品設計の内容の見直し・再設計が行われることが多い。

（2）資材・物流システム

　資材とは、「生産を行うために必要な材料」（JIS Z 8141：2022-1203）と定義され、資材管理とは、「所定の品質の資材を必要とするときに必要量だけ適正な価格で調達し、適正な状態で保管し、（要求に対して）タイムリーに供給するための管理活動。注釈1　資材管理を効果的に実施するためには、資材計画（材料計画）、購買管理、外注管理、在庫管理、倉庫管理、包装管理及び物流管理を的確に推進する必要がある」（JIS Z 8141：2022-7101）と定義される。

　また、物流とは、「物資を供給者から需要者へ、時間的及び空間的に移動する過程の活動。一般的には、包装、輸送、保管、荷役、流通加工及びそれらに関連する情報の諸機能を総合的に管理する活動。調達物流、

生産物流、販売物流、回収物流（静脈物流）、消費者物流など、対象領域を特定して呼ぶこともある」（JIS Z 0111：2006-1001）と定義される。ここでは、資材の調達物流と、最終製品を市場へ提供するための販売物流を中心に記すこととする。調達物流と販売物流以外にも、工場内では生産活動のために物流が必要になるが、それを工場内物流といい、マテリアルハンドリング（Material Handling：MH）といわれることもある。マテリアルハンドリングは、現品管理の中でも運搬取り扱いと保管を主としてとらえていることを指し、前者のことを運搬管理と呼び、後者は品物の保管や在庫管理をする倉庫管理であり、それらの総合した内容をもつものである。なお、運搬管理とは、工場の生産活動に伴うさまざまな場合と時と場所とで運搬を合理化し、運搬を一体化したものである。つまり、単に品物の移動だけを対象とするのではなく、積む、降ろす、取り付ける、取り外す、収納する、蓄える、取り出すなどという品物の総合的な取り扱いを含めている。

Ⅰ　資材システム

　調達とは、「生産計画に基づいて発注先に発注してから、物品が納入、検査及び保管されるまでの一連の活動」（JIS Z 8141：2022-1116）と定義される。資材システムの中で調達物流は、原材料や部品をサプライヤー（受注者）からバイヤー（発注者）側の工場に運ぶことである。調達物流は、日本においては納品までのコストをサプライヤーが負担するという商習慣のために、改善への積極的な取り組みが遅れがちになっていた。組立型のメーカーの調達物流は、取り扱い品目が非常に多いという特徴がある。特に、電気機器や自動車などの機械工業製品の場合、その資材の調達先と品種は多岐にわたり、全調達資材に対してメーカーが資材在庫をもつことにより資金の固定化を招くことがある。調達物流の改善は、バイヤー、サプライヤー双方の総合的な業務プロセスの合理化と、それらのコストを低減する必要性がある。

　調達にかかわる業務プロセスの主な機能をまとめると次のようになる。
　① 　量産以前の調達に関する業務

ア　内外製区分の決定——製品のどの部分を外部に委託するか

イ　購買方針の決定——購買活動の基本的な方針の決定と公開

ウ　調達先の選定——どの部品サプライヤーを調達先とするか

エ　デザインイン——部品サプライヤーの調達先の企業から製品開発活動への参加

② 量産以降の通常の生産活動のための調達に関する管理業務

ア　外注管理

イ　発注——原材料や部品の調達システムの整備と自社の生産計画に連動した注文

ウ　検収——外注・購買した資材の受け入れと検査

エ　在庫管理（詳しくは第4章第1節「資材・在庫管理」で説明する）

Ⅱ　物流システム

　経営学における販売物流は、流通システムの意味をもって使われることがある。つまり、流通システムが取り扱う課題として、販売チャネル、価格設定、在庫管理、広告、店舗の管理なども含めており、主として販売活動を対象としている。

　しかしここでは、物流をモノ Key Word の移動およびそれに関連する諸活動に限定した資材の物流に対象を絞ることにする。この物流システムの目的は、基本的には品物を目的地まで運ぶことであり、その過程において包装、保管、荷役、輸送、加工、配送、情報処理などの業務を円滑に行うことである。従来、物流は、モノに着目して管理する活動ととらえられていたが、情報システムの発展により、近年ではIoT（Information of Things）に代表されるモノと情報の一元管理の考え方が一般化

Key Word

モノ——本書では「モノ」と「物」を使い分けている。「モノ」は3M（Man、Machine、Material）のMaterialを示すときに用い、「物」は機械・設備、原材料、補助材料およびエネルギーなどの資源を合わせて示すときに用いる。

している。今後は、それらの情報の共有化が進み、作業者、機械・設備（特に運搬手段）への指示、物流活動に対するコスト情報の取得などを含めたコスト管理への発展が期待される。

（3）製造システム

生産、製造とは、「生産要素である素材など低い価値の経済財を投入して、より高い価値の財に変換する行為又は活動。注釈1　製造は人工的であり、生産は自然活動も含むという区別をする場合もある」（JIS Z 8141：2022-1201）と定義される。上述の注釈にある生産と製造の区別に関しては、慣用的に、生産は生物が自己形成する過程を意味している場合も含んでおり、製造より広い意味に使われることもあるが、工業的な範囲では同じ意味に使われることが多い。

図表1-1-2は、製造システムを取り巻いている企業の経営活動との関係を示している。この製造システムの目的は、調達活動に基づいて製

図表1-1-2 ● 製造システムを取り巻く企業の経営活動

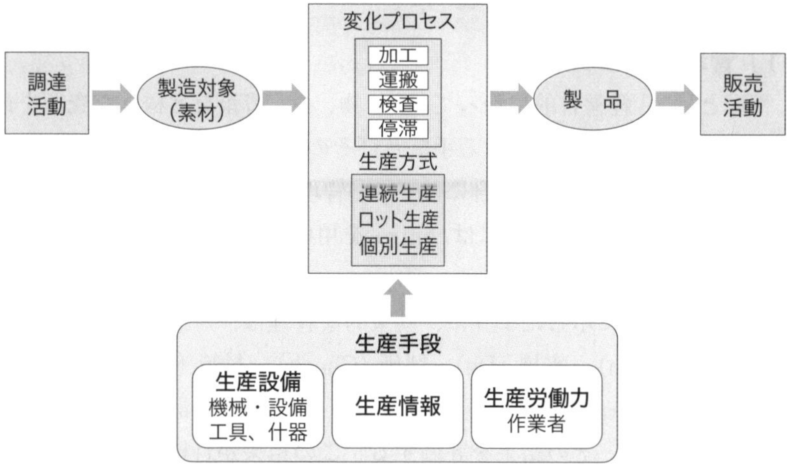

出所：サイバーコンカレントマネジメント研究部会、『サイバーマニュファクチャリング－eラーニングで学ぶモノづくり－』青山学院大学総合研究所AML2プロジェクト、2004年

造対象となる原材料や部品などの素材の資源をインプットとし、生産手段の資源を利用してそれらの素材を製品へと付加価値をつける変化のプロセスを生成することにより、アウトプットとしてそれらの製品を販売活動を通じて市場へ供給することにある。

この図表の変化プロセスにおける生産技術が根幹となり、機械工業では、加工プロセスと製品組立プロセスからなる。つまり、この生産技術の領域は、前述した生産設計、工程設計・工程計画、生産準備、そして図表に示した調達活動から始まり、完成した製品を製造するまでの「モノづくり」をする総合技術である。

製造システムを取り巻く企業の経営活動の業務プロセスの連鎖を以上述べてきたことを含めて概観すると、製品企画・製品計画、製品設計・生産設計、そして生産準備、生産計画および調達物流、変化プロセスとしての製造システムによる製造実施（加工工程および組立工程）、最終製品の販売物流、販売サービスなどから形成される。

2　管理活動と生産管理

（1）管理活動のサイクル

管理とは、「経営目的に沿って、人、物、金、情報など様々な資源を最適に計画し、運用し、統制する手続及びその活動。注釈1　管理対象を明確に、"○○"と限定した場合には"○○管理"という。特に、管理を"統制"の意味に限定する場合にはcontrolを用いることがある」（JIS Z 8141：2022-1104）と定義される。

図表1-1-3に示したように、効果的な管理は、対象とする作業について、計画（Plan）－実施（Do）－評価（Check）－対策（Act）の要素を繰り返すことによって行われる。すなわち、まず活動の計画を立て、それに従って実施し、その結果を評価する。この結果が目標どおりでなければ計画を練り直し新しい計画をつくる。その計画について再び実施、評価、対策を繰り返す。これを"PDCAのサイクルを回す"という。この

図表1-1-3 ● 管理活動の基本となる "PDCAサイクル"

PDCAのサイクルを回すという方法の背後には、人間が管理をするプロセスに関する知識やノウハウや判断は完全とはいえず、最初から品質損失のないプロセスを確立することは不可能であり、管理のサイクルを回しながらスパイラルアップをして改善フィードバックを図り、継続的に向上を目指す意図がある。さらに、日常的な業務の管理として、Pを標準化（Standardize）のSに代えて "SDCA" サイクルを活用することもある。

（2）生産に関する各種の管理活動

　ここで生産管理について考えてみると、人により生産管理の定義や概念が異なっており、さらに、それぞれの生産方式により、生産管理の扱う業務内容も異なっている。

　生産管理とは、「財・サービスの生産に関する管理活動。注釈1　具体的には、所定の品質Q（quality）・原価C（cost）・数量及び納期D（due date、delivery）で生産するため、又はQ・C・Dに関する最適化を図るため、人、物、金及び情報を用いて、需要予測、生産計画、生産実施及び生産統制を行う手続及びその活動」（JIS Z 8141：2022-1215）と定義される。

　一般的に、「広義の生産管理」の範囲として、次の6つの諸管理活動を指すことがある。

① 工程管理（生産計画、生産統制）
② 品質管理
③ 原価管理
④ 設備管理
⑤ 作業管理
⑥ 資材管理（購買管理、外注管理、在庫管理）

　広義の生産管理の中で特にポイントとなる生産管理の第一管理と呼ばれるものに、Qualityを扱う品質管理、Costにかかわる原価管理、そしてDelivery（数量・納期）を取り扱う工程管理がある。後述するようにこのQCDは顧客満足を得るための需要の3要素ともいわれ、広義の生産管理の目的ともつながっている。

　工程管理は、生産計画と生産統制から構成される。生産計画とは、「生産量と生産時期とに関する計画」（JIS Z 8141：2022-3302）と定義される。生産計画では、日程計画として、長期的な大日程計画、さらに中期的な一定期間にわたって製作すべき製品品種や数量に関する基準生産計画（中日程計画）、そして所要している生産能力に対して何の作業をするのかという短期的な小日程計画（スケジューリングと呼ぶことがある）を作成する。次に、生産計画に対して、実際に製造活動に入った際に、計画と実績のズレを調整するために生産統制を行う。

　それ以外の各種の管理活動として、製品品質や製造品質に関する管理を行う品質管理、製造の活動目標・活動プロセス・活動結果に関連した費用を管理する原価管理などがある。

　そのほかに、生産計画と連動して行う購買管理、外注管理、さらに生産統制とも関連する在庫管理を行う資材管理がある。また、生産設備・機械の稼働や保全に関する設備管理がある。

　さらに、作業の標準化と作業の統制を行うのが作業管理である。この作業の標準化は、作業研究で最良の作業方法を作業標準とするとともに、

平均的な熟練度をもつ作業者が標準作業を行うときの作業時間を標準時間として設定することである。これらは、作業条件や、設備・機械など使用をも含めて、作業標準書として明文化する。一方、作業の統制は、標準作業を実施し、標準時間と実績時間との差異分析を行い、次の標準化につなぐものである。差異分析の結果、標準に問題があれば、標準作業と標準時間の見直しを行う。作業に問題があれば、作業者の再訓練や、設備・機械や工具の性能や各種条件の見直しを行う。

↑

第 2 節 生産形態の分類

◆製品がどのように作り込まれていくかという観点からは、装置型生産と組立型生産に大別される。本節では、後者の組立型生産を対象とした生産形態の分類について述べる。

◆生産形態の分類としては、①受注の仕方による分類、②生産品種と生産量による分類、③製品の流し方による分類、が挙げられる。

　製品がどのように作り込まれていくかという観点からは、装置型生産と組立型生産に大別される。まず装置型生産とは、1つの素材が後工程になるごとに加工が加えられて、扇形に広がるような形でいろいろな製品に変化する生産形態になる。一方、組立型生産では、いろいろな原材料から部品を自社の工場内で製作したり、あるいは外部から調達してきたものを集めて、それらの部品を順次組み立てて製品を完成させる形態である。本節では、後者の組立型生産を対象とした生産形態の分類について述べる。

　生産システムを生産形態の観点からとらえると、「モノの流れ」と「情報の流れ」が有機的に結合されて構成されているものといえる。生産形態とは、主に前者のモノの流れの違いの特徴をとらえたものである。

　生産形態の分類にはさまざまなものがあるが、図表1-2-1に示すように、①受注と生産の時期、②生産品種と生産量、③製品の流し方、によって分けることがある。

　生産管理の見地からは、業種や企業規模の大小よりも、生産形態のほ

図表１−２−１ ● 生産形態の分類

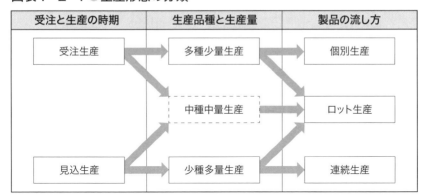

うが重要である。したがって、生産形態はそのままにしておいて、生産管理の方法のみを改善しても、その効果には限界がある。

1 受注の仕方による分類

受注の仕方による分類として、図表１−２−２に受注生産と見込生産の一般的な特徴を示した。受注と生産（製品設計、調達、加工・組立の製造を含む）の時期的な関係を見ると、受注してから生産する場合と、生産してから受注する場合とがある。これは生産活動における業務の順序の違いである。

受注生産とは、「顧客が定めた仕様の製品を生産者が生産する形態。注釈１　見込生産を改めて、受注生産の特徴を取り込んだ生産形態にすることを受注生産化という」（JIS Z 8141：2022-3204）と定義される。つまり受注生産は、顧客からの注文に基づいて製品仕様を決定し、製品の生産を行うものである。最終製品組立会社と部品供給業者（サプライヤー）との企業間取引でよく見られる生産形態である。顧客の注文内容に応じながら製品仕様を決め、製品の完成を待ってくれている納期の間に、確実に購入してくれるものを設計、調達、生産する場合を、プロジェクト

図表1-2-2 ● 受注の仕方による分類：受注生産と見込生産の特徴

比較項目	受注生産	見込生産
品目例	専用工作機械、船舶、サプライヤー側から調達される部品や生産財など	消耗品、家電製品や自動車などの耐久消費財など
顧客	特定の顧客	不特定の顧客
製品仕様	客先仕様であり受注まで不確定	市場調査や需要予測により、顧客ニーズに合致した製品仕様を生産者側で決定
製品品種	顧客から要求された品種数	生産者が一定の製品グループやタイプを企画
操業度	不安定	安定
受注変動への対応	生産能力により調整	製品やその他の在庫により調整

型の受注生産と呼び、専用工作機械や船舶またはビル建設などがその例である。設計が事前にできていて、あらかじめ製品ファミリーとしてメニュー化されており、自分では製品在庫をもたないで、受注後に部材を調達して生産するものを完全受注生産という。

　一方、一般消費者が購入する衣料、靴、化粧品などの消耗品や、家電製品などの耐久消費財のような場合には、ほとんどの顧客は製品の生産期間が長すぎると、それが完了するまでにそれほど待ってくれない。そのため見込生産では、顧客を逃さないために、素材をあらかじめ購入し、受注前に計画的に生産し、在庫品として蓄えておき、注文に応じて出荷する。見込生産とは、「生産者が市場の需要を見越して企画・設計した製品を生産し、不特定な顧客を対象として市場に出荷する形態」（JIS Z 8141：2022-3203）と定義される。

　一般消費財のように顧客がほとんど待ってくれない場合には、店頭に製品在庫をもつようにする。たとえば、スーパーマーケットの生鮮食品や、コンビニエンス・ストアの弁当や飲料などはその例で、この方式を完全見込生産という。

　これに対し、顧客が多少待ってくれる場合は、受注を受けてから最後の仕上げや、顧客の望むオプション品を付けて最終的な製品にすることから半見込生産という。

　受注生産と見込生産の区分は、製品仕様（たとえば、デザイン、機能、性能、品質、その他の規格、価格など）の確定時期によって判断することができる。受注生産では、注文を受けて初めて製品仕様が明確にされる。一方、見込生産では、たとえば市場調査や需要予測などの適切な手段により、顧客のニーズに合致した製品仕様を受注以前に確定しておく。つまり見込生産は、生産の工程、作業、生産要素などの基本的な事柄が明確で、生産計画が立てやすい。これに対して受注生産は、製品仕様は受注する以前は不確実なために、生産の基本的事柄が既知でなく、生産計画は立てにくい傾向がある。

2　生産品種と生産量による分類

　製品別の生産量（生産数量および所要工数）の多少によって、少種多量生産と多種少量生産とに大別されるが、両者の中間的段階として中種中量生産の生産形態がある。しかし、何品種からが多種か、何個からが多量か、といった区分は製品の生産特性によって異なるため、一般的な定量的基準は決められない。

　つまり、少量とか多量ということは、単に数量の問題だけではなく、製品の加工時間や組立時間（所要工数）に関係する。たとえば、5千個とか1万個とかいっても、小物プレス加工なら、段取替えが頻繁に行えるので、それぞれの加工作業は短時間に完了し、管理的には少量生産とみなすことができる。しかし、1台の自動車の加工・組立に長時間を要する生産の場合には、月々の生産量が5千台、1万台でも多量生産とみなされる。

　さらに、製品品種の区分については、単に製品の規格（サイズ別や識別など）だけを考えるのではなく、生産管理の立場からは、段取替えを

要する場合に、品種が変わったとみなすことがある。つまり、製品規格に多少の違いがあっても、同じ段取替えのままで一括して生産できるならば同一品種とみなして差し支えないことがある。

　一般的に、典型的な流れ作業（コンベヤシステムを用いる場合が多い）は少種多量生産、多量のロット生産は中種中量生産、個別生産や少量のロット生産は多種少量生産になる傾向がある。

（1）少種多量生産

　少ない品種をそれぞれ多量に生産する形態であり、見込生産方式および連続生産方式と類似した特性をもち、この代表的な例はコンベヤラインを用いた流れ生産方式である。以下に少種多量生産の特徴と留意すべき点を示す。

① 見込生産による計画的生産で、高い操業度を維持することが前提となる

② ライン生産に適しており、高い生産性、多量で低コスト、高品質の製品の生産を目指している

③ 適切なマーケティング活動をくみ取り、タイミングのよい新製品の開発・生産・販売が経営を左右する

④ 生産量が減少した場合、イニシャルコストが大きいために設備投資の回収が困難となる危険性もあるため、周到な計画と準備が必要である

　少種多量生産のための製品設計については、加工および組立しやすい製品構造（部品の標準化・規格化）を考える。生産システムの計画（工程計画、作業システム計画）については、工程編成、作業の手配や作業標準の準備が必要になる。生産管理の面からは、需要予測ならびに販売計画の精度向上、操業度の安定ということから生産の平準化、生産計画に連動した資材調達と在庫管理、工程間の同期化などがポイントになる。生産技術面では、生産システムの機械化および自動化を進める際に、今後の機種切り替えを考慮したフレキシビリティを加味した自動化レベル

を決定すべきであろう。

（2）多種少量生産

　多くの品種を少しずつ生産する方式であり、先の少種多量生産と比較
して、生産管理の立場からするとやりにくい面が多い。資材管理面から
は部品の種類が多くなるため棚卸資産の負担額が増え、機種切り替えの
頻発により生産性が低下するなど、難しい生産形態である。

　そのように難しい生産形態となる要因としては、外部や内部の環境条
件の変化やそれにより不確実性が増すことによる生産品目の多様性、そ
の影響による生産工程の多様性、生産能力調整の複雑性、生産計画や工
程計画の困難性、生産状況の変動による生産実施・生産統制の調整の複
雑性などが挙げられる。

　すなわち、製品品種が多いために、生産数量や納期も多様になる。生
産工程の多様性については、原材料や部品から製品を生産する手順が多
様であるため、生産工程の流れがそれぞれの製品について異なり、工程
の流れも交錯する。製品の品種ごとの需要量の伸びしだいで生産設備の
能力に過不足が生じ、残業やシフト交替などの稼働時間の延長をもたら
すことがある。外部や内部の環境条件の不確実性については、受注品の
仕様・数量・納期の変更、それに伴う設計変更、特急品への対応、外部か
らの購入品（原材料、部品）の欠品や納期遅れなどの対策が必要になる。

　以上のように受注品の仕様変更に起因する設計変更・生産工程の変更
や、錯綜する生産工程の流れを調整するために、生産計画や工程計画は
複雑になる。それに加えて、設備故障、作業者の欠勤や熟練工の欠如、
不適合品の発生など、不慮のトラブルが発生することもあり、工程計画
や生産計画の調整や変更で対処することになる。

　このように生産形態としては難しい課題を抱えている多種少量生産で
あるが、近年の顧客の趣味や嗜好が多様化し、それに伴う製品の要求仕
様・要求品質の多様化は、必然的に多種かつ小ロット化生産の要請へと
つながってきている。そのために、メーカー側は、新製品を短期間で開

発・生産・販売し、市場シェアの獲得を目標に激しい競争を強いられている。その結果、製品寿命の短命化を招いたり、品種数を増やしすぎたために、経営利益率の悪化をもたらす傾向になっている。そのため、いきすぎた場合には品種数の整理と、さらに部品の共通化を進めて、コストダウンが図られている状況にある。

3 製品の流し方による分類

同じ製品が連続して流れているか否かによって、個別生産と連続生産に大別される。また、両者の中間段階として、ロット生産（断続生産）がある。

連続生産は多量生産を長期間にわたり継続する。個別生産は少量で繰り返し性が少ない。ロット生産は、両者の中間的な段階であり、月々同じ程度の製品を繰り返し生産する。ロット生産の場合は、月々の生産量は専用ラインを設けるほど多くないため、同一品目を連続して毎日流すことができないので、あるロットを一括して流し、しばらくして次のロットを流す、という反復的に段取をして異なる品種を生産することになる。

（1）個別生産

個別生産とは、「個々の注文に応じて、その都度1回限り生産する形態。注釈1 個々の注文に応じるには受注後に生産することから、受注生産ともいえる。注釈2 連続生産の反義語」（JIS Z 8141：2022-3209）と定義される。個別生産は受注生産に多く見られ、受注のたびに個別に生産する形態である。作業面からすると一品一品、独立性が強く、期間の継続性も薄く、他の製品との関連性も少ない。製品ごとの生産数量も少ない。

したがって、個別生産は受注生産に代表されるように、各製品の加工順序や加工時間が大幅に異なる場合に採用される生産形態である。つまり、生産工程も高速専用の専用設備ラインを設置することは経済的に不利であり、注文ごとに異なる仕様・数量・納期をもつ製品を限られた設

備能力のもとで、納期を維持し、生産設備や作業者の生産効率を高める
ような仕事の流し方を決めることが重要となる。

　前述の定義や説明を読むと、前述した受注生産方式のように見える。
しかし、製造を実施する観点から考えると、受注しているかどうかより
も、仕様が特殊であることのほうが重要な意味をもつ。個々の仕様や納
期が異なるものを個別に生産する点から、この個別生産という名称にな
ったと考えられる。この生産方式では、受注した注文をジョブ、生産さ
れる工程をショップと呼ぶ。このことから個別生産方式のことを、文献
によってはジョブショップ生産方式と呼んでいるものもある。

　個別生産を行っている業種の特徴は、製品ごとに注文者の要望をヒア
リングして詳細に仕様を決めていくことから、大規模な製品を取り扱う
ことが多い。たとえば、船舶、大型の生産設備、プラント、大型コンピ
ュータ、ビルなどの建造物、個別住宅などである。

（２）ロット生産

　ロット生産とは、「複数の製品を品種ごとにまとめて交互に生産する形
態。注釈１　間欠生産又は断続生産ともいい、個別生産と連続生産との中
間的な生産形態」（JIS Z 8141：2022-3210）と定義される。ロット（Lot）
とは、「何らかの目的の下に、ひとまとまりにされた有形物のグループ」
（JIS Z 8141：2022-1220）と定義され、１つのロットに含まれる数量をロ
ットサイズという。ロット生産は、このロットを中心に生産するのが特
徴である。

　ロット生産は、同一の生産設備で複数の製品を一定の間隔で断続的に
生産する方式であり、ロットをバッチと呼ぶことからバッチ生産ともい
う。ロット生産では、同一の工程で多数の品種を加工することから、個
別生産に比べ、作業能率は向上し、作業の熟練も早く、稼働状況も良好
になる。このとき、ある１つの品種から他の品種の加工に切り替えるた
めに、終了した品種の加工後に、次の品種を加工するための準備作業が
必要となり、そのことを段取替えといい、このために必要な時間を段取

時間と呼ぶ。段取替えとは、「品種又は工程内容を切り替える際に生じる
材料、機械、治工具、図面などの準備及び試し加工。注釈1　段取は、機
械又はラインを停止しないで行う外段取と、機械又はラインを停止して
行う内段取とに大別される。また、10分未満の内段取をシングル段取と
いう」（JIS Z 8141：2022-5107）と定義される。

　1つのロットに含まれる数量が大きくなるにつれて、工程間仕掛品が
多くなるため、生産期間が長くなり、1ロットについての数量の大きさ
をどの程度に決めるか、市場の状態を生産能力の関係から十分配慮する
ことが大切になる。このロット生産において、特に多段階の生産工程の
場合、各製品の投入順序と投入量によって、各工程間での仕掛品の量お
よび停滞時間に影響を受けることから、効果的な仕事の流し方（ロット
スケジューリング）と、適正なロットサイズを決める必要がある。

（3）連続生産

　連続生産とは、「同一の製品を一定期間続けて生産する形態。注釈1
個別生産の反義語」（JIS Z 8141：2022-3211）と定義される。つまり、連
続生産は、同一の製品をある期間中連続的に繰り返し生産する形態であ
り、製品の流し方の観点から見るとフローショップ型となる。

　フローショップ型の生産方式はライン生産方式とも呼ばれる。ライン
生産方式とは、「生産ライン上の各作業ステーションに作業を割り付けて
おき、品物がラインを移動するにつれて加工が進んでいく方式。注釈1
流れ作業ともいう。注釈2　全ての品物の移動と加工とが同期して繰り
返されるライン生産方式をタクト生産方式という」（JIS Z 8141：2022-
3404）と定義される。その特徴は、製品の品種ごとにそれぞれの加工・
組立順序に従って、各種の機械や作業者を配置するライン編成を行うこ
とが多い。

　ライン編成とは、「生産ラインへの設備、作業者の配置及び資材・部品
の供給点を決定する活動」（JIS Z 8141：2022-3401）と定義される。製品
の各品種を完成させるのに必要となる一連の作業を分割し、技術的な順

序で各作業ステーションに割り付けて配置する活動である。ライン生産
方式は、ライン編成を行ったラインで、品物がライン上を移動するにつ
れて加工・組立が進んでいく方式である。

　この方式の利点は、生産効率が高く量産できること、生産期間が短い
こと、運搬距離が短いこと、進度管理が容易なこと、ライン編成がうま
くいけば仕掛品が少なくて済むことなどが挙げられる。その一方で、欠
点としては、製品の新たな品種を導入する際にライン編成をし直さなけ
ればならないこと、一部にネックとなる作業ステーションがあると生産
ライン全体のライン編成効率が低下すること、ライン上で一部の機械故
障や作業トラブルがあると生産ライン全体が停止するなど大きな影響を
受けることなどが挙げられる。

　図表1-2-3に、生産する品種数によって、生産ラインの製品の流し
方が異なり、単一品種ラインと多品種ラインに分類されることを示した。
さらに、多品種ラインは、ライン切換方式と、混合品種ラインに分類さ
れる。ライン切換方式は、生産する品種により作業ステーションの構成
を切り換え、ある期間中に生産される品種数に応じて期間を細分化し、
その細分化された期間内で特定の1品種のみを連続的に生産する方式で
ある。混合品種ライン（混流品種ラインとも呼ぶ）は、多品種を同一の
生産ラインで、混合して連続的に流した生産を行う。つまり、この混合
ラインでは、1日に数品種を混合して流れ生産を行う際に、異なる品種
ごとの生産量の比率で一連のサイクルを編成して、そのサイクルを繰り
返して異なる品種を1個ずつライン生産する。

（4）セル生産

　セル生産とは、「一人から数人の作業者、又は1台から数台の機械設
備で構成されるセルによって製品を生産する方式」（JIS Z 8141：2022-
3206）と定義される。近年では、多人数の分業によるライン生産方式に
対して、1人または少人数の作業者がセルと呼ばれる小規模な作業ステ
ーション内で、1つの製品を作り上げる自己完結性の高いセル生産方式

図表1-2-3 ● 生産品種数による生産ラインの流し方による分類

生産ライン の分類	単一品種ライン	多品種ライン	
		ライン切換方式	混合品種ライン
1品種の生産量	多い	中程度	中程度
品種の流し方	品種ごとの専用ライン	生産する品種により作業ステーションの構成を切り換える	多品種を同一ラインに混合して連続的に生産する
特徴	特定の単一品種を連続的に生産する	細分化された期間内で特定の1品種のみを生産する	各品種の作業方法は類似しており、段取替えがほとんど発生しない
製品の流し方(品種A、B、Cの切り換え事例)	ＡＡＡＡＡＡ ＢＢＢ ＣＣＣ (各品種の専用ライン)	ＡＡＡＡＡＡ＊ＢＢＢ＊ＣＣＣＣ (切り換え＊)	ＡＡ/Ｂ/Ｃ/ＡＡ/Ｂ/Ｃ (細かく品種を切り換え、サイクリックに連続生産し、作業者が異品種に対応する)

出所：大場・藤川『生産マネジメント概論　技術編』文眞堂、2009年を参考に作成

が活用されるようになっている。

　モノの処理と流れの観点から、セル生産方式とライン生産方式を比較する。ライン生産方式が分業による作業習熟とコンベヤによる運搬から成立するのに対し、セル生産方式は多能工による自己完結型の作業と、セルごとの部品供給による各セルの自律した生産ペースから構成されている。

　自己完結型生産は、セル内ですべての作業を行って1つの品物を完成させることである。ライン生産では、各作業者は1つの品物を完成させるために必要な全作業を細分化して分担する分業が行われていた。一方、セル内の各作業者間には、ライン生産とは異なり、モノの流れ（運搬）のためのコンベヤなど搬送装置がないことが多く、作業を完了した作業者がそれぞれ次の工程（作業者）へ渡すことで、生産ペースは自律的に運用されることを意味する。異なる品種を生産する場合には、1つの品種の生産を完結した後に、部品供給の入れ替えや段取替えを行ってから取

りかかることにするのか、異なるセルを使用して並行して生産する生産
計画を立てて実施することになる。

　なお、セル生産方式には、セル内の作業者数や分業タイプにより、1
人生産方式（一人屋台）、分割方式、巡回方式の3つに分類される。1人
生産方式は、1つのセル内に入った1人の作業者が、自己完結で製品を
組み立てるプロセスを行って最終製品を完成させる方式で、一人屋台の
生産方式と呼ばれることがある。分割方式では、複数の作業者により総
作業を分割し、ライン生産方式と類似した分業が行われる。作業台をU
字型のレイアウトにして、セル内の初工程（入力）と最終工程（出力）を
同一の熟練した作業者が担当し、生産ペースを管理することも行われて
いる。巡回方式は、1つのセルに複数の作業者が入る点は分割方式と同
様であるが、分業は行わずに、それぞれの作業者が一連の製品組立のプ
ロセスに沿って各工程をぐるぐる巡回しながら自己完結の作業を行う生
産方式である。

第1章 理解度チェック

次の設問に、○×で解答しなさい（解答・解説は後段参照）。

1 製品設計では、意匠設計や機能設計を含む基本設計や部品設計を含む詳細設計がなされる。

2 PDCAサイクルのPの段階をSimplify（単純化）で置き換えて、SDCAサイクルということがある。

3 一般に多種少量生産では、連続生産が行われる。

4 品種ごとに生産量をまとめて複数の製品を交互に生産する形態を個別生産という。

解答・解説

1 ○
製品設計は、製品企画で定めた新製品のコンセプトを具体化する活動であり、基本設計と詳細設計の段階がある。

2 ×
SDCAのSはStandardize（標準化）で置き換えて、SDCAという。

3 ×
一般に多種少量生産では、個別生産やロット生産が行われる。

4 ×
個別生産は、個々の注文に応じて、そのつど1回限りの生産を行う形態であり、問題文に示す形態はロット生産である。

■■■■■■■■■■■■■■■■■■■■■■■■■■■■■■■■■ ▌**参考文献**▐ ■■■■■■■■■■■■■■■■■■■■■■■■■■■■■■

大場允晶・藤川裕晃編著『生産マネジメント概論　技術編』文眞堂、2009年

久米均『品質経営入門』日科技連出版社、2005年

サイバーコンカレントマネジメント研究部会『サイバーマニュファクチャリン
　グ−eラーニングで学ぶモノづくり−』青山学院大学総合研究所AML2プロ
　ジェクト、2004年

玉木欽也『戦略的生産システム』白桃書房、1996年

玉木欽也「9−生産計画における工程管理と在庫整理」『改訂新版 経営工学総
　論』放送大学教育振興会、2004年

徳山博于・曹徳弼・熊本和浩『生産マネジメント』朝倉書店、2002年

日本経営工学会編『生産管理用語辞典』日本規格協会、2002年

日本品質管理学会編『日常管理の指針（JIS Q 9026)』日本規格協会、2016年

製品企画と設計管理

この章のねらい

　第2章では、モノづくりの最初のステップである製品企画と、企画された製品を具体化するための設計管理について学ぶ。

　第1節では、顧客の要求を実現するための製品企画の考え方、その企画を具体化するための経営戦略、適正な利益を確保するための原価企画について学ぶ。

　第2節では、初めに設計管理を行う目的としてのQCDの作り込みの考え方を理解し、その考え方を実現するための流れについて、後工程に対する設計品質を確保するためのデザインレビューを中心にして学ぶ。次に、QCDの管理の考え方について触れ、最後に設計段階で活用できる管理技術であるバリューエンジニアリング（VE）について、その考え方と適用手順について学ぶ。

製品企画

◆製造業において新製品を生産・販売する場合に必要な製品企画について学ぶ。製品企画では、新製品について「どのような市場あるいはユーザーをねらうのか」「どのように販売するのか」「目標原価はいくらにするのか」「必要な技術開発は何であり、いつまでに行わなければならないのか」といった事項を明確にする。製品企画の目的、経営戦略と製品企画の関係、原価企画について学ぶ。

1 製品企画の目的

（1）顧客満足度の確保

　製品企画の第１の目的は、顧客満足度を確保する製品の機能・品質・価格を決定することにある。市場調査を通じてユーザーのニーズを把握する場合、あるいは新市場創出のため新機能をもった製品を投入する場合にも、最初に行うのはその製品の機能・品質・価格を決定することである。

　しかし、機能・品質・価格は互いにトレードオフの関係にあり、高機能を追求しようとすれば複雑な構造となり、品質・価格の目標達成が困難になる。同様に、低価格を追求しようとすれば機能・品質を低下せざるを得なくなる。これらのバランスをとり、顧客満足度を確保することがポイントとなる。

（2）企業利益の達成

　製品企画の第2の目的は、製品の販売を通じて利益を確保することにある。そのためには、まず製品の売価と原価の目標を設定する必要がある。顧客満足度の確保の観点から、適正な売価を設定し、必要利益を差し引き、目標原価を設定する。必要利益は企業を維持し、株主への配当を行い、さらに将来のための研究開発投資、設備投資を行うために必要な利益である。

　ここで重要なことは、市場に同種の製品があり競合が予想されるような場合、原価に利益を加えて売価を設定するのではなく、売価から利益を差し引き、原価を設定することである。設定された原価を目標原価という。売価は、市場における他社の同種製品との競合の中、その製品の機能・品質により決められるものであり、原価に利益を加えて設定するという企業側の一方的な思いで決定されるものではない。

　　　○原価、売価設定の2つの考え方
　　　　　原価＝売価－利益　　○
　　　　　売価＝原価＋利益　　×

　ただし、市場に競合する製品がないか、わずかしかないような場合にはこの限りではなく、たとえば、消費財における一部のマニア向け高級品や、生産財において他社に対し技術的に大きな有意差があるような場合には、売価設定での自社の自由度は高い。

　目標原価が決定した後はそれを細分化し、製品の構成要素ごと、担当部門ごとに目標原価を展開することにより、開発・設計以降の活動の目標とする。これを原価企画といい、詳細は後述する。

2　経営戦略と製品企画

（1）ターゲットユーザーの設定

　一般的に新製品については、経営戦略の重要事項として、中長期の経

営計画の中で計画化される場合が多い。新製品計画を具体化していく中で製品企画を行うが、最初に重要なことは、新製品がどのような市場あるいはユーザーをねらうかを明確にすることである。このターゲットユーザーと製品特性から、製品を以下のように分類することができる。

Ⅰ 生産財

　生産財は、生産者が製品やサービスを生産・提供するために購入・使用する原材料、部品、設備・機器などを指す。たとえば、人々が着る衣服を生産するためには、原糸はもちろん、織物にし染色するための設備、さらに縫製設備などが必要であり、これらを生産財という。しかし、個人が編み物をするために購入する毛糸は消費財となる。このように、だれが何のために使用するかで、消費財か生産財かに分かれることになる。

　代表的な生産財は、工場で生産のために使用される設備・機器、あるいは電力、通信・放送、物流等のサービスで使用される設備・機器である。生産財はユーザー専用の特注品である場合が多く、このため生産財を生産する企業は、多くの場合多種少量生産で、受注生産の生産形態である。

　生産財は故障した場合の影響が大きいことから信頼性が重要視される。このため、信頼性の高い部品・ユニットが使用されるとともに、重要な部分については冗長系をもつ構造となっている場合が多い。また生産財の特徴として、日常の保守点検を行いやすい構造、万一故障した場合にも修理しやすい構造をもち、高信頼性の維持を重視している。

Ⅱ 消費財

　消費財は、消費者が主に日常の生活において使用・消費するモノである。最終ユーザーが個人や家庭で使用するために買うものすべてが消費財である。代表的なものは家電製品、雑貨品、衣料品である。消費財のうち、長期間にわたって使用するものを耐久消費財という。同じ製品でも、消費者が家庭内で使う場合は消費財というが、企業が生産・販売など企業活動において使用する場合は、生産財となる。

　消費財は一般的に少種多量生産で、需要予測に基づく見込生産の生産

形態である。消費財は、市場調査と製品企画が重要であり、消費者のニーズに合致しない場合あるいは市況が悪化している場合には、販売数量が計画を大幅に下回るおそれがある。消費財の生産においては、このように計画との差異が発生した場合には迅速な生産量調整が重要となる。製品在庫の基準量を決めておき、基準量を下回った分だけ生産するという在庫補充型の生産方法と、これを実現するための多頻度小ロット生産体制は、迅速な生産量調整のための1つの形態である。

Ⅲ 汎用品、特注品

生産財、消費財という分類のほかに、その製品が特定のユーザーを対象としたものか否かによる分類として、汎用品、特注品の分類がある。

汎用品は、ユーザーを限定しないもので、ほとんどの消費財と一部の生産財がこれに該当する。また、生産形態としては見込生産となる場合が多い。

特注品は、特定ユーザーのための仕様で作る製品で、一部の消費財と多くの生産財がこれに該当する。生産形態としては受注生産となる場合が多い。

（2）マーケティング戦略

Ⅰ マーケティング活動

ターゲットユーザーの設定ができたら、新製品をどのように認知してもらい、どのように販売するかというマーケティング戦略を立案・推進する必要がある。具体的には、消費財ではターゲットユーザーへの広告活動、価格設定、販売体制・販売チャネルの確立等が必要となる。新製品のマーケティングでは特に価格設定が重要である。価格設定においては、まずプロダクトアウト型とマーケットイン型に分けて考える必要がある。

プロダクトアウト型の価格とは、原価積み上げ方式と言い換えることもできる。つまり、1個の製品を作るのにどれくらいの原価がかかるのか、それを販売するためにはどれくらいの経費が必要か、利益率はどの

くらいが望ましいかという企業側の都合を優先した価格のことである。
〔需要＞供給〕という図式が成り立っていた時代には、この価格でも十分
な量を販売することができた。

　これとは逆に、マーケットイン型の価格は、どれくらいの価格であれ
ば消費者が購入してくれるかという観点から決定される価格で、それに
見合う製造原価や販売経費が決められる。〔需要＜供給〕という状況下で
の一般的な価格決定方法である。しかし、顧客の声を安ければ安いほど
よいというのが当然であると考え、あまりにマーケットイン型に偏重し
てしまうと収益悪化のリスクとなる。

　現在のように企業間競争が激しい中では、多くの製品分野で〔需要＜
供給〕の状況下にあり、そのためマーケットイン型の価格設定をせざる
を得なくなり、新規参入企業にとっては黒字化が困難となりがちである。
しかし、製品あるいは市場によっては、大量販売は望めないものの高機
能・高品質製品を高価格で販売できるユーザーがあり、ここをねらって
黒字化を図る、いわゆるニッチ戦略もある。したがって、すべての製品
がマーケットイン型の価格設定である必要はない。

　消費財を例にしたマーケティングの流れは以下のようになる。

① 損益分岐点の把握──どれだけの数量を売れば黒字になるか

② 市場性の検討──黒字となるために必要な数量が販売できる市場
　か

③ 販売チャネルの確立──効率的でコントロールしやすいチャネル
　はどこか

④ プロモーションの検討──ユーザーへの認知、価格への納得性を
　高めるプロモーションの内容・方法は何か

　マーケティング活動では、各ステップでいくつかの枝分かれがあり、
たとえば、損益分岐点に達するまでの販売が見込めなければ、製造原価
や販売経費の削減、あるいは売価の引き上げといった検討も必要になる。
さらに、売価の引き上げの場合には、高価格でも売れる市場の見定めや
販売チャネルの選定、販売促進活動の磨き込みといったフィードバック

サイクルも必要になる。

Ⅱ　開発・製造・販売とマーケティング

　マーケティングは販売部門が主体で進めるものと思われがちであるが、新しい市場を創出する製品あるいは新技術を取り入れた製品では、開発・製造部門とのかかわりが重要になってくる。

　新技術を取り入れた製品の場合、開発はいつまでに完了するのか、量産体制はいつまでに整うのか、ユーザーにとって新技術の価値は何か、開発費用・量産設備費用はどれくらいかかるのか、といった点が発売時期・価格設定・広告活動に影響を及ぼす。これらは開発部門・製造部門が販売部門と連携して、検討・推進していく必要がある。

（3）顧客満足度と製品評価因子

　製品企画の第1の目的は、顧客満足度を確保する製品の機能・品質・価格を決定することであると記した。では、その顧客満足度をどのようにして確保するのか。1つの製品に求められる機能・品質は顧客によりさまざまであり、多くの顧客がその製品に対し、どのような観点から製品を評価しているかを把握することが重要である。製品評価因子分析では、製品本来の機能である基本機能と、操作性や嗜好性といった付随性能の2つの観点から製品を評価する項目を設定し、重要度に応じ各項目に重み付けを行う。この評価項目についてアンケート等による調査を行い、顧客の当該製品に対する評価の観点を数値化する。これにより、当該製品に対して顧客がどのような項目を評価上で重視しているかがわかり、顧客満足度の高い製品企画を行うことができる。各評価項目は、製品の評価を決定づける因子となり、どの因子がどの程度、製品評価に影響を与えているかを把握することができる。

　製品評価因子の具体例は以下のとおりである。

①　基本機能
　　その製品本来の働き

②　付随性能

・弊害機能──設置・稼働で与える悪い影響

・経済性──購入・維持にかかる費用

・操作性──使用・調節のしやすさ

・安全性──人・物に対する危険の小ささ

・保守性──清掃・補修など手入れのしやすさ

・設置性──スペースの小ささ・据え付けのしやすさ

・快適性──音・振動などによる不快感の少なさ

・嗜好性──色彩・形状の美しさ・感じのよさ

・弾力性──変更・拡張のしやすさ

(4) SWOT分析

SWOT分析は、企業の戦略立案を行う際に使われる分析手法で、企業の外部環境に潜む機会（O：Opportunity）、脅威（T：Threat）を検討・考慮したうえで、その組織がもつ強み（S：Strength）と弱み（W：Weakness）を確認・評価する。経営戦略策定のほかにマーケティング計画、バランスドスコアカード作成、ISOのマネジメントシステム構築など、幅広い分野で活用されている。

Ⅰ 戦略計画ツールとしてのSWOT分析

SWOT分析は、ハーバードビジネススクールのビジネスポリシーコースで活用されてきたハーバードポリシーモデルの一部である。企業の目標が明確である場合、SWOT分析は戦略計画ツールとして有用である。SWOT分析における機会、脅威、強み、弱みは以下のように定義される。

○機会──目標達成に貢献する外部環境の特質

○脅威──目標達成の障害となる外部環境の特質

○強み──目標達成に貢献する組織の特質

○弱み──目標達成の障害となる組織の特質

意思決定を行う場合、SWOT分析をもとに目標が達成可能であるかを判断し、達成が不可能と判断した場合には目標を変更し、再度SWOT分析をやり直す必要がある。達成が可能であると判断した場合、以下の点

について検討することにより、具体的な戦略につなげる。

　○機会──どのように機会を利用するか

　○脅威──どのように脅威を取り除くか、または脅威から身を守るか

　○強み──どのように強みを生かすか

　○弱み──どのように弱みを克服するか

Ⅱ　内的および外的要因

　SWOT分析の目的は、目標達成にとって重要な内外の要因を特定することにある。このため、重要な要因を以下の２つに分類する。

　○内的要因　⇒　強みと弱み

　○外的要因　⇒　機会と脅威

　内的要因は、目標への影響により強みまたは弱みとなる。ある目標についての強みは、別の目標についての弱みとなる場合がある。内的要因には、人材、財務力、技術力などのほか、マーケティングの４Ｐ（Production＝商品、Price＝価格、Promotion＝販売促進、Place＝立地・物流）が含まれる。

　外的要因には、マクロ経済、技術革新、法令・社会環境・文化の変化が含まれる。これらの分析結果はマトリックス形式で表されることが多い。

　外的要因である機会、脅威と、内的要因である強み、弱みをマトリックス形式に表現すると、これら要因の組み合わせによって４つの領域ができる。→図表２-１-１

　各領域において企業のとるべき戦略は以下のとおりである。

　ⅰ）機会×強み

　　自社の強みを生かせる機会がある領域である。戦略としては積極的

図表２-１-１ ● SWOT分析

		外部要因	
		機会（Opportunity）	脅威（Threat）
内部要因	強み（Strength）	積極的戦略	差別化戦略
	弱み（Weakness）	弱みを克服する戦略	防衛戦略 or 撤退戦略

戦略をとり、市場への新規参入あるいはシェア拡大をねらう。

ii）機会×弱み

　市場には機会があるが、自社にその機会をつかむ能力が不足している領域である。機会をとらえるために、早い時期に弱みを克服することが必要となる。弱みの克服が遅くなれば、機会が去ってしまうおそれがある。

iii）脅威×強み

　自社に強みはあるが、市場における競争が激化しているような場合が該当する。このような場合、自社の体力を無視した消耗戦のような企業間競争に陥れば、大きな損失を被るおそれがあるので、自社の得意な分野での限定的競争とすることが必要である。

iv）脅威×弱み

　市場に機会がなく、自社も強みをもたない領域である。このような状況で事業を続けることは、採算悪化が避けられない状況が続くとともに、その対策も効果が期待できない場合が多い。したがって、市場環境が変わるまで事業維持に努めるか、市場環境の好転が望めない場合は事業撤退を行う。

　SWOT分析はあくまで1つの手法であり、弱点も存在する。たとえば、目標を達成する際に本質的に重要である事項について検討されず、SWOTマトリックスの作成に注力してしまう可能性がある。また、新規事業を推進する意欲が強い場合に、弱い機会と強い脅威をつり合わせるために、定量的な分析と判断が不十分な状態で、SWOT分析が行われる可能性がある。

　SWOT分析を有効なものとするためには、いかなるSWOT項目も早期に取り除かないことが重要である。個々のSWOT項目の重要性は、それが生み出す戦略の価値によって決まる。すなわち、価値ある戦略を生み出すSWOT項目は重要であり、生み出さないSWOT項目は重要ではないと判断される。

Ⅲ　SWOT項目

SWOT項目の具体例は以下のとおりである。

ⅰ）強み・弱み

　財務力（キャッシュフロー）、マーケティング力、営業力、技術力、販売チャネル、人材、ブランド力、製品（サービス）品質、生産力、プロモーション力

ⅱ）機会・脅威

　景気動向、人口数・人口構成、法律・制度改正、自然環境、社会的価値観、技術改革、為替相場、市場環境（競合他社・顧客）、供給業者、中間業者

Ⅳ　SWOT分析における注意点

SWOT分析においては、以下のような誤りを犯しやすいので注意が必要である。

○目標を定めて同意をとる前にSWOT分析を行う。

○外部の機会と内部の強みを混同する。これらは別々にしておく必要がある。

○SWOT項目を戦略と混同する。戦略は行動を定めるのに対して、SWOT項目は状況を説明するものである。この誤りは機会の分析に関して特に発生しやすい。

　また、SWOT分析において、機会と脅威、強みと弱みについて、どのような項目をいくつ取り上げるかについて、特に統一的な基準があるわけではない。機会と脅威、強みと弱みについて、定量的な評価をするためのチェックリストはいくつか提案されているが、それらを使う場合は目的に合致しているかどうかを検討する必要がある。

　機会と脅威、強みと弱みは相対的なものであり、外部要因の変化によって強みが弱みに転じたり、分析者の解釈によって機会が脅威になったりすることが起こりうる。このようにSWOT分析は主観的な裁量にゆだねられる部分が大きいため、需要や利益率の予測といった定量的な分析には不向きである。

V SWOT分析の活用範囲

SWOT分析の活用は、営利組織である企業だけに限らない。目標さえ定められれば、SWOT分析は非営利組織・政府自治体・個人等の意思決定においても活用できる。また、SWOT分析は危機管理においても活用される。このような場合でも、前記のステップに従うことにより、問題の解明と目標の設定に結びつけることができる。

VI SWOT分析後の計画立案手順

SWOT分析は、自社がどのような戦略的行動をとるかについて指針を与え、自社のメンバーの合意形成を行うための手法である。したがってSWOT分析だけでは、行うべき施策やとるべき行動が具体的になっていないため、さらなる計画の立案が必要である。

（5）PPM（Product Portfolio Management）分析

PPM分析は、多種類の製品を生産・販売する、あるいは複数の事業を行っている企業における、戦略的観点から経営資源の配分が最も効率的・効果的となる製品・事業相互の組み合わせ（ポートフォリオ）を決定するための経営分析・管理手法である。

一般に、外部要因（市場や産業の成長性、魅力度）と内部要因（自社の優位性、競争力、潜在力）の2つの視点から、製品や事業ごとに収益性、成長性、キャッシュフローなどを評価し、その拡大・維持・縮小・撤退を決定する。SWOT分析と考え方は似ているが、PPM分析では分析対象を製品あるいは事業とするところに特徴がある。

PPM分析は、1960年代半ば以降の米国で、GE（General Electric）などの巨大コングロマリット企業（巨大複合企業）が事業再編を進める中、ボストン・コンサルティング・グループが1960年代末に提唱した分析手法がその始まりとされる。ボストン・コンサルティング・グループのモデルでは、市場の成長率を縦軸に、競合他社との相対的マーケットシェアを横軸にとった4象限からなるマトリックスである成長－シェアマトリックスを設定し、ここに各製品・各事業（SBU＝戦略的事業単位）を

プロットすることで自社の製品・事業のポートフォリオを把握し、戦略的意思決定を行う。成長－シェアマトリックスの各象限、各象限のとるべき戦略は以下のとおりである。→図表2-1-2・3

1）花形製品

　マーケットシェアを維持するための販売費等の経費を多く要し、また

図表2-1-2●成長－シェアマトリックス

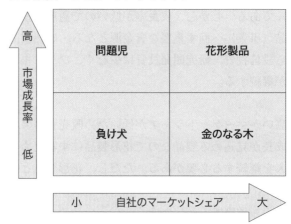

図表2-1-3●成長－シェアマトリックスととるべき戦略

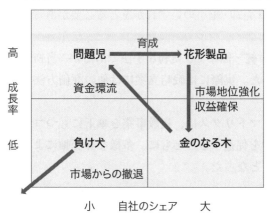

企業間競争が激しい製品（事業）であることから、新製品開発のための研究開発投資、新製品生産・既存製品増産のための設備投資が必要で、資金を必要とするが収益率は高い。シェアを維持できれば、市場成長率の鈍化につれて金のなる木となり高収益製品（事業）となるが、失敗すれば問題児に転落する。

2）金のなる木

シェアが高いために、販売費等の経費が相対的に低く、収益率の高い製品（事業）である。しかし、成長率が低いので過度な投資を控え、収益を他の製品（事業）へ回す重要な資金源となる。成熟製品（事業）であることから設備投資・研究開発投資は少なく、フリーキャッシュフローはプラスが継続する。

3）問題児

成長率は高いがマーケットシェアが低いため販売費等の経費流出が多い。将来の成長が見込める製品なので花形製品にするための戦略が必要で、資金投入を継続する必要がある。ただし、花形製品となる可能性の見極めが難しく、フリーキャッシュフローは当面マイナスが続く。状況によっては撤退も考慮する必要がある。

4）負け犬

資金の流出・流入のいずれも低い。投入する資金以上の収益が見込めなければ、撤退・売却・縮小のいずれかをとる必要がある衰退事業である。

PPM分析は単純・簡単で、便利な手法であるが、当初から単純すぎるとの批判もあった。実際には戦略立案には他の評価方法を併用することが多い。

成長－シェアマトリクスは、複数事業を傘下にもつコングロマリット企業の戦略経営を促進するとともに、多様な評価軸による分析法が開発されるきっかけとなった。

3 原価企画

(1) 原価企画の意義

　原価企画（Target Cost Management）は、製品企画段階から、当該製品の企画・開発・製造・販売といったビジネスプロセスに関与する多部門にわたる専門メンバーにより、顧客が満足する価値（機能や品質）を損なうことなく、市場価格をベースに算出される目標原価の範囲内に製品原価（コスト）を収めることを追求する活動である。

　従来、原価管理の活動は製造現場において行われるものが主たるものであった。すなわち製品仕様が決定し、製造準備が完了した後の改善活動を主たる管理対象としたものであった。その目的は既存の製造条件のもとで、最も能率的である状態を維持することにあった。

　このような管理方法は製品のライフサイクルが長く、多品種化がさほど進まないような製品で、作業者による作業が主体である生産形態であれば有効なものであった。ところが、製品ライフサイクルの短命化、製造工程への自動機器・省力機器の導入といった環境変化により、製造段階において作業者の能率を上げて原価を低減する余地は小さくなってきている。

　日本においては、これまで製造段階における能率向上による原価低減として、ジャストインタイム生産やQCサークルによる改善活動によって、原価を低減する活動が行われてきた。しかし、このような製造段階での原価低減活動による成果には一定の限界がある。製品の原価構造は、その製造が始まる以前の段階、すなわちどのような製品を、どのような原材料・部品を使い、どのような方法で製造するかが決定した段階で、そのほとんどが決定してしまうためである。こうした背景により、原価管理は製造段階から企画・開発段階へとその重点が移行し、原価企画の重要性が高まっている。

　原価企画は、自動車メーカーが採用したのをきっかけに、1980年代後半から90年代にかけて多くの製造業で導入されてきた。原価企画におい

ては、製品企画段階からの全員参加による原価企画活動が競争力を生み
出す源泉となる。

　多くの企業で原価企画が導入されてきた理由は、一般的に、製品企画
および開発・設計段階で原価の8割方が決まってしまうからである。そ
のため、最初の段階で原価を十分に検討しておかないと、後の調達や製
造段階でいくらコストダウンの努力（原価低減活動）をしても大きな効
果を得ることはできないからである。また、原価企画活動を行うことは、
開発・設計段階の早い時期に目標とする原価を決定することから、開発
期間を短縮することにもつながる。企業間競争の激しい近年、新製品を
いち早く市場に投入する必要に迫られている各企業は、原価企画活動を
強化している。

（2）原価企画のプロセス

　原価企画のプロセスは、以下のようになる。

Ⅰ　目標原価の設定

　原価企画の出発点は、企業の中長期の事業計画である。事業計画では
年度ごとの目標利益を設定し、さらにこれをもとに個々の製品別目標利
益を設定する。目標利益は最初から個々の製品品種別に割り当てられる
のではなく、製品グループや製品系列別に割り当てられる場合が多い。

　目標利益を設定した後に、目標原価を設定する。この場合、目標原価
は〔売価－目標利益〕で設定し、必要な利益を獲得するために原価をいく
ら以下にしなければならないかという観点で設定することが必要である。

Ⅱ　目標原価の細分化・割り付け

　目標原価を製品別に設定し、さらに製品の機能別に細分化する。細分
化された目標原価は、機能別の目標原価として割り付ける。割り付ける
際には、顧客が要求する品質レベルや顧客が重視する機能を見極める必
要がある。機能別の目標原価の設定・割り付けにおいては、品質管理や製
品開発の手法の1つである品質機能展開（QFD：Quality Function De-
ployment）の活用が有効である。

　目標原価は、必要に応じ、機能別割り付けからもう１段階下位のレベルである部品別に割り付けられる。これと並行して、部品の内製・外製などの決定を行う。

Ⅲ　目標原価達成のための原価低減活動

　割り付けられた目標原価に対し、VE などにより達成に向けた原価低減活動を推進する。目標原価の達成度チェックのため、コストテーブルを用いてチェック時点での現状原価の見積もりを積み上げ計算により行う。目標原価と比べ現状原価のほうが高い場合には、さらなる原価低減活動を進め目標達成を図る。

　原価企画は、製造開始前の原価低減活動が主なる活動であるが、製造開始後も目標原価を達成できるように、製造現場における改善活動を継続的に行うことが必要である。

　原価企画は加工組立型産業を中心に広がっていったが、これらの業種においては、製造原価の約７〜８割が外部からの調達品のコストである。したがって、調達先からいかに低コストでしかも品質のよいものを調達できるかが、原価企画成功の鍵といえる。

　また、原価企画を実際に行うためには、開発部門だけでなく、営業・生産・調達・経理等、全社的な協力が必須である。企業によっては、原価企画活動を統括・推進する原価企画室といった専門組織を設置している場合もある。

（３）VE などによる原価低減

　目標原価と現状原価のギャップを改善するための手段として、VE（バリューエンジニアリング：Value Engineering）の活用がある。

　VE のねらいは、顧客の立場で製品やサービスの価値に関する問題を分析・評価し、顧客にとっての価値を高めることと、価値に結びつかないコストについてはコスト低減を図ることである。

　なお、VE についての詳細説明および基本的手順については、本章第２節 **4**「価値工学（VE）」において述べる。

第 2 節 設計管理の概要

学習のポイント

◆生産の上流段階に当たる開発・設計段階での管理方法について学ぶ。上流段階が製品の品質（Quality：Q）、コスト（Cost：C）、納期（Delivery：D）決定に大きな影響があることから、QCD決定のプロセス、QCD確保のためのデザインレビュー、目標とする製品品質とコストとを両立させるための手法であるVE（価値工学）について学ぶ。

1 設計管理の目的

（1）上流段階でのQCDの作り込みの重要性

　製品が完成するまでの原価発生を段階別に見ると、多くの製品において資材調達・製造段階で大半の原価が発生しているが、この原価がどの段階で決定しているかを見ると、開発・設計段階で8割方が決定するといわれている。→図表2-2-1

　同様に、製品品質・生産リードタイムについても開発・設計段階で決定したことが、全体へ大きな影響を与える場合が多い。したがって、開発・設計段階でいかにQCDを作り込むかが、製品生産全体のQCDに大きく影響する。

　製品のライフサイクルが長かったときには、製造段階でのQCDの作り込みが重要視されたが、ライフサイクルの短縮化により新製品を次々と市場に投入する必要がある近年では、開発・設計段階でのQCD作り込みの重要性が高まっている。

図表２-２-１ ●原価決定と原価発生

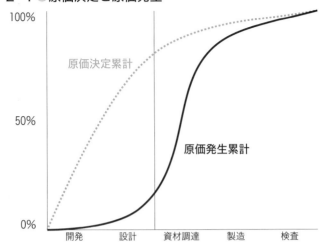

（２）関連部門との組織的取り組みの重要性

　設計は生産の上流段階にあることから、製品のQCDへの影響が大きく、たとえば、設計段階で製品組立時の作業のしやすさについての検討が不十分であったために、実際に組立作業が行われると当初計画以上に組立工数が発生し、コストおよび納期に悪影響を及ぼすといったようなことが起こりうる。

　このため、設計段階では設計成果物について関連部門による確認を行い、以降の工程で発生が予想される問題について、十分に検討することが重要である。デザインレビューは、こうした目的で行われる設計の各段階における設計成果物の審査である。デザインレビューには関連部門が広くメンバーとして参加するが、構想設計段階までは販売部門あるいは製品企画部門とのかかわりが密接であり、詳細設計段階以降では資材調達部門、製造部門、検査部門とのかかわりが密接となってくる。

　なお、原価管理部門と生産管理部門は設計管理の全段階にかかわりをもち、目標とする日程・コストで製品が完成するように、設計段階に応じた、日程・コスト計画の「粗」から「細」への展開を行う必要がある。

設計の初期段階では、日程・コストとも詳細計画に落とし込むことが製品仕様の詳細が決定していないことから困難であるため、「粗い」計画としておき、設計が進むことにより関連部門がそれぞれの管理に適する「細かい」計画に落とし込むことが必要である。

2 設計管理の流れ

（1）設計管理の基本ステップ

Ⅰ 設計企画

設計企画は、設計工程における QCD を確保するための企画・計画活動である。対象範囲としては、量産品を例に挙げれば図表２-２-２のように、商品企画部門からの要求仕様に基づく製品仕様の作成、構想設計、詳細設計、量産試作・試験、量産開始が該当する。

設計企画段階では、次の３点が明確になっていなければならない。

① 要求仕様

図表２-２-２●商品企画から量産までの流れ

② 目標原価

③ 量産開始時期（あるいは発売時期）

Ⅱ 構想設計

　構想設計は、概念設計と実体設計の2つに区分することができる。概念設計では、要求仕様から作成された製品仕様をもとに、機能構造に分解し、個々の機能解析およびこれらを組み合わせた製品全体の機能解析を行い、要求仕様を満たす機能構造を構築する。

　実体設計では、電子機器を例にとれば、機能構造を実現する機械機能、電気機能、ソフトウェア機能を実際の製品の形に具体化する。この段階で顧客ニーズとのチェック、目標原価とのチェック、その他安全・環境面等からのチェックを行うとともに、必要に応じデザインレビューにより関連部門によるさまざまな視点からの確認を行う。問題がなければ以降の詳細設計のための設計仕様を作成する。

　詳細設計以降は、外注を含め多くの部門、多くの設計者へ設計業務が分解・委託される場合が多く、詳細設計を行う担当部門・担当者との詳細設計仕様・日程・コストの調整を行う必要がある。なお、詳細設計を進める中で問題が生じた場合には、上流に戻り詳細設計仕様の変更が発生する場合があるので、こうした事態に対応できるように、日程・コスト面でのある程度の余裕を計画上でみておくことも必要である。特に技術的リスクの高い製品においては、工程の各段階に余裕をみておき、1つの工程での日程の遅れが全体へ影響を及ぼさないようにする配慮が必要である。

Ⅲ 詳細設計

　詳細設計では構想設計での設計仕様に基づき、機能構造の個々について、機械設計、電気設計、ソフトウェア設計等の機能別設計を行う。詳細設計では外注を含め多くの部門・設計者がかかわるため、日程・コスト・（設計成果物）品質の管理が重要となる。

　特に日程管理においては、設計担当者への業務の割り付けとこれに基づく設計負荷平準化が必要となる。当該部門の設計者だけでは平準化で

きない場合は、所定の日程に間に合わないことになるので、他部門または外注へ一部設計業務を委託することを検討する必要がある。

　日程・コスト・品質を当初計画どおりに遵守するためには、デザインレビューを設計のステップごとに行い、早期に問題の把握と対策を行う体制を構築する必要がある。

　詳細設計段階に入ると、製品製造の準備を並行して進める必要がある。近年においては、製品企画から量産開始までの期間を短縮し、早期に製品を市場投入することが重要となっている。詳細設計が完了してから製品製造の準備を始めるのでは、市場投入まで時間がかかるためである。調達する部品の仕様、製造に必要な設備・治工具、製造用資料等は、詳細設計段階で順次決定・作成されていくので、資材部門・製造技術部門へ必要情報を早い段階で提示し、生産準備ができるようにすることが重要である。

Ⅳ　量産試作

　量産試作は、開発・設計完了後の生産準備段階において、量産の開始に先立って、量産と同じ生産方法（生産設備、治工具、製造方法、試験・検査方法等）によって、外注を含む全工程で少量の生産（パイロット生産）を行うものである。これによって生産準備が整ったかどうかを評価し、量産への移行、発売時期を決定する。あわせて、量産段階で必要なQCDに関する各種資料を作成する。近年では、商品ライフサイクルの短縮化に伴い、頻繁に新製品を市場に投入するようになってきたことから、従来のように量産試作とその評価に十分な時間を割く余裕がなくなってきている。このため、CAE（Computer Aided Engineering ＝コンピュータ支援解析システム）等の活用により量産試作を省略する場合も増えてきている。

（2）各ステップのDR（デザインレビュー）とドキュメント

Ⅰ　DRの役割と実施手順

　デザインレビュー（Design Review：DR）とは、「当該アイテムのラ

イフサイクル全体にわたる既存又は新規に要求される設計活動に対する、文書化された計画的な審査」（JIS Z 8115：2019-192J-12-101）と定義される。すなわちDRは、開発・設計における各段階の成果物を、関係部門がチェックを行う、あるいはその成果物を使って検討する行為を体系化したものである。DRの目的は、文書化された成果物を、客観的に関係部門の複数の人がさまざまな視点でレビューすることにより、より上流で品質を確保することにある。一般的に、欠陥は下流で発見されるほど、手直しに手間がかかるといわれており、特に大規模かつ複雑なシステムにおいては、上流段階の早い時期に問題を発見し対処することが重要である。

　DRにおいては、出席する人（レビューア）により、レビュー自体の品質が左右される。効果的なレビューとするためには、十分な経験や見識を持つレビューアを確保することが必要になる。そのためには、レビューに参加するための時間を考慮したスケジュールを立てなくてはならない。忙しくてレビューをする時間がないということでは、上流で品質を確保することはできない。

　DRは、開発・設計の各段階において、適宜実施する。段階により目的や効果が少しずつ異なる。要求仕様作成段階におけるDRでは、要求自体のあいまいさや矛盾、漏れを防ぐことで欠陥を排除し、開発・設計する対象を明確にすることを目的としている。副次的な効果として、設計者が要求を正しく理解しているかどうかを確認することができる。ここでは、実際に商品を使うユーザーや、販売部門・企画部門・品質部門の人が重要なレビューアとして参加する。

　設計段階におけるDRでは、設計構造の矛盾や誤りなどの欠陥を排除することに重点が置かれる。ここでは、設計の熟練者が重要なレビューアとなる。プログラミング段階におけるDR（特にコードレビューと呼ばれる）では、アルゴリズムの欠陥を排除することを目的とする。ここでは、プログラミングの熟練者が重要なレビューアとなる。

　DRには、インスペクションとウォークスルーの２通りの方法がある。

インスペクションは、欠陥の発見を第１目的としている。モデレーターと呼ばれる調整役が主催し、レビューを進行する。レビュー効率を上げるために、レビューの範囲を限定し、短時間で行う。レビューの中でも、欠陥防止効果は高いといわれている。

ウォークスルーは、設計内容を理解すると同時に欠陥を発見することを目的としている。設計担当者が主催し、別の設計者が参加してレビューを実施する。ウォークスルーという言葉は、もともとは演劇の用語で、舞台稽古の中で、台本を読みながらポイントを確認する練習のことをいう。DRにおけるウォークスルーも同様に、主催した設計者が設計内容を説明し、参加者がそのポイントを理解しながら進める。

インスペクションとウォークスルーの違いは、インスペクションが制度的で公式なレビューであるのに対して、ウォークスルーは設計者自身が能動的に行う非公式なレビューである。また、インスペクションは完成した成果物に対して実施するのに対し、ウォークスルーは未完成の成果物に対しても実施することができる。

DRの目的は上流での品質確保だが、それ以外に副次的な効果がある。１つ目は、情報の共有化である。DRを行うことにより、設計内容やレビューでの指摘事項・注意点をレビュー参加者が共有化することができる。それにより、異なる知識をもつ設計者間でのノウハウの周知化や、成果物の属人性の排除をすることが可能となる。２つ目は、プロジェクトの進捗確認である。レビューにプロジェクトを管理する役割をもつ人が出席することにより、どこまでプロジェクトが進んでいるのか、品質に対する対応はどのようになっているのかを把握することができる。

Ⅱ　DR参加メンバーと組織的運営

DRは、単に製品の設計品質のみを評価するものではなく、製品企画・設計・製造・試験・運用・保守の全プロセスについて客観的評価を行い、改善点を提案し次段階に進む組織的活動である。このため、関係部門による客観的評価と改善のための活発な提案・議論を行えるようにすることが望ましい。

　DRの実施責任者としては、技術知識が豊富で設計の経験があり、関係部門とのつながりがある人が望ましい。DR参加メンバーとしては、当該製品と直接かかわりをもつ製品企画・設計・製造・試験・運用・保守の各部門のメンバーが適宜参加するとともに、スタッフ部門からは調達部門、品質保証部門が適宜参加することが望ましい。

　DRは、商品企画から量産までの節目となる時期に実施するよう大日程計画上で設定し、次の段階に進む必須のステップとして位置づけることが必要である。これにより、前段階での評価が不十分であるために発生する工程の後戻りを防止することができる。

Ⅲ　各ステップのドキュメントの概要

　DRで評価の対象となるドキュメントは、各段階で異なるが、概略以下のような関係となる。

　○製品企画段階──要求仕様書、設計企画書
　○構想設計段階──製品仕様書、設計仕様書
　○詳細設計段階──購入仕様書、外注仕様書、製造仕様書、試験仕様書、検査仕様書、保守仕様書

　各段階でのDR終了後は記録を残し、関係部門に配付し、DR時のアクションアイテムの実施徹底を図ることが重要である。図表2-2-3は商品企画から量産までのステップとDRの具体例を示したものである。

3　QCDの管理

（1）要求品質（Q）の設定と達成

Ⅰ　要求品質の反映方法

　設計作業は、最終的には、要求仕様および要求品質を満足する購入・外注用資料、製造用資料、および試験・検査用資料を作成することである。要求仕様は商品企画部門が作成する場合が多いが、要求品質については当該製品にのみ特別に適用される品質基準がある場合を除き、通常は社内の品質基準が適用される。

図表２-２-３ ● 商品企画から量産までのステップとDR

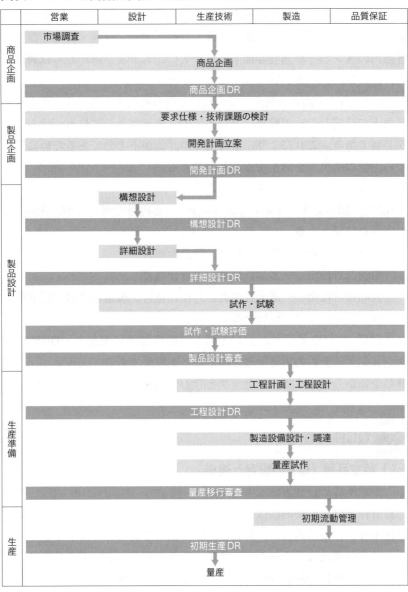

出所：構造化知識研究所ホームページ「設計プロセスとデザインレビュー」より作成

　構想設計段階では、要求仕様および要求品質をもとに、詳細設計を行うために必要な製品仕様書および設計仕様書を作成する。作成した仕様書が要求仕様および要求品質を満足していることをDRにおいて確認し、確認後に詳細設計を行う部門に仕様書を提示する。

　詳細設計段階では、製品仕様書および設計仕様書に基づき、購入・外注用資料、製造用資料、および試験・検査用資料を作成する。詳細設計段階では部品調達開始前あるいは製造準備開始前等の節目に当たる時期にDRを開催し、設計成果物である各種資料が製品仕様書および設計仕様書を満たしていることを確認し、次ステップへ進めてよいかどうかを判断する。

Ⅱ　機能・性能と代用特性の関連

　設計を進めるにあたって、要求仕様で決められた製品の機能・性能が満足されているかどうかを検証する必要が出てくる。しかし、試作品を製作して検証を行う場合、仕様で決められた特性値を直接測定して検証することが技術的あるいはコスト的に困難である場合には、代用となる特性値を選定し、これを検証することによって、本来の特性値が仕様を満足しているかどうかを判断する方法がとられる。

　たとえば、ある製品の内部の発熱部分の冷却について、直接製品の内部温度を測定して検証することが、試験環境条件・試験方法から正確に行うことが困難な場合、製品に付けられる冷却用ファンから製品内部の発熱部分に当たる風量を代用特性とし、風量が設定値以上となるように設計することで、仕様を満足していることを検証することが考えられる。

　このように代用特性を用いることによって、設計結果の検証を短時間にかつ低コストで行うことができる場合がある。

（2）目標原価（C）の設定と達成

Ⅰ　目標原価の設定方法

　目標原価の設定方法には、原価要素ごとに見積もりを行い積み上げることにより設定する方法、自社で設定した売価から基準粗利率をもとに

設定する方法、あるいは競合他社の売価から設定する方法等いくつかの方法がある。企業が市場での競争に打ち勝ち、なおかつ必要利益を確保するためには、積み上げた原価を目標原価とし、これに利益を加えて売価を設定するのではなく、売価から利益を差し引き、目標原価を設定することが重要である。売価は、市場における他社の同類製品との競合の中、その製品の機能・品質により決められるものであり、積み上げた原価に利益を加えて設定するという企業側の一方的な思いで決定されるものではない。

目標原価を設定した後は、現状の条件で実際に製造した場合に、どのくらいの原価になるかを把握するため、見積もりを行い現状原価を算定する。この原価は新たなコストダウン対策を行わなくとも達成できる原価水準ということができる。

〔目標原価＜現状原価〕の場合は、現状の原価では目標原価に到達していないため、材料費・加工費・直接経費等のコストダウン対策が必要となる。そのためコストダウン目標額の設定と割り付けを行い、割り付けられた部分・部門においてはコストダウン計画を立案し推進する必要がある。

〔目標原価＞現状原価〕の場合は、現状の状態で目標原価以下にすることができることを示している。この場合は目標原価の設定が甘いともいえるが、このようなケースはまれである。

Ⅱ　目標原価の達成方法

現状原価が目標原価を超過している場合には、コストダウン計画を立案し推進する必要がある。

推進手順は以下のようになる。

① 　原価テーブルの作成——コストダウン活動を具体化するためには、コストダウン活動を行う関係部門に対して、コストダウン目標額を割り付けることが必要である。そのためには現状原価を詳細に分解した原価テーブルの作成を最初に行う。

② 　原価テーブルの個々の原価要素へのコストダウン目標額の割り付

け、実行指示——これによりコストダウン目標額が費目別に具体化するので、それぞれの費目に関連する部門に対し実行指示する。
③　コストダウン活動の評価——コストダウン活動の評価はDRまたはコスト管理の会議等により、目標額の達成度合いを計画的に確認する。達成状況から、割り付けた目標額達成が困難な場合には、必要に応じ目標額の再割り付けを行う。
　コストダウン活動は開発設計者だけで達成されることは少なく、全社的な支援によって達成される場合が多い。この達成支援は、DRまたはコスト管理の会議等によるもののほかに、VEチームの活動やVE情報・コスト情報の提供などがある。これらの支援が有効に行われているかの評価も必要となる。

（3）目標納期（D）の遵守と日程管理
Ⅰ　日程計画の作成と管理・統制
　製品品質とコストは設計段階でそのほとんどが決定されるが、日程管理については、設計に続く資材調達・製造・試験・検査の各工程があり、それぞれの工程に対応した日程管理方法があるので、ここでは設計工程における日程管理について説明する。
　設計工程の日程管理の特徴は、資材調達以降においては部品・製品等の「現物」が日程管理の対象として存在し、資材の入荷状況、製品の製造進捗状況等のように、目で見える現物を中心に日程管理を行うことができるが、設計工程ではまだ現物が存在しないため、設計成果物である各種ドキュメントの完成状況によって、設計工程の進捗を把握することになる。しかし、これら資料の完成度の評価は技術的観点から行われるため、生産管理部門のように日程管理を行う部門においては、日程進度および完了までの残日程を定量的に把握することが困難な場合が多い。たとえば、設計部門から購入仕様書が予定どおりに出図されたが、十分に審査された仕様書でなかったために修正・再出図が必要となり、資材調達の日程計画に影響を与えるといったようなことが起こりうる。特に

新規設計、新技術導入のような場合には、このような事態が発生する可能性がある。

　そのため設計工程の日程管理では、技術的リスクに対する余裕をある程度織り込む必要がある。これによって、技術的要因による日程遅れを後工程に影響させないようにすることができる。

　上記のような設計工程固有の特徴を踏まえ、当該設計案件の日程計画を作成するにあたっては、まず基準日程をもとに作成する。

　基準日程は、過去の同類の設計案件の実績をもとに標準日程として整備しておく必要がある。

　基準日程に基づく当該設計案件の日程計画が完成したならば、目標原価における設計費から設計工数を求め、これを日程計画上に期間展開する。期間展開にあたっては、設計業務内容ごと、担当部門ごとに設計工数を期間展開する。

　この後、設計負荷ローディングを行うため、担当部門別・期間別の工数集計を行い、当該担当部門の保有工数（稼働時間）との比較を行う。比較した結果、〔負荷工数＞保有工数〕の場合には、負荷を消化できないこととなり、負荷の前後期間への平準化を、平準化が不可能な場合には、他部門への依頼または外注への転換を検討する。調整後に〔負荷工数≒保有工数〕となれば、日程計画をキープでき、かつ実行可能な負荷計画となる。

　〔負荷工数＜保有工数〕の場合には、負荷不足となり仕事量が不足していることから、対策としては、前後期間からの平準化、他部門への応援あるいは外注転換を予定していた業務の内製化を行うことが必要となる。

Ⅱ　日程の短縮方法（コンカレントエンジニアリング）

　コンカレントエンジニアリング（同時進行技術活動＝Concurrent Engineering：CE）とは、「製品設計、製造、販売などの統合化、同時進化を行うための方法」（JIS Z 8141：2022-3113）と定義される。また、設計部門内で複数の設計者が共同作業を効率的に進めることを指す場合もある。広義には、企画・開発から販売・運用・廃棄に至る製品ライフサイ

クルの全フェイズに関連する部門が、製品の企画や開発、設計段階に参加・協働することをいう。

　狭義のコンカレントエンジニアリングでは、CAD `Key Word`・CAE `Key Word`・PDMなどのシステムを通じて設計データの共有・共用を行い、たとえば意匠デザインと構造解析、強度計算を同時並行して作業することで、製品品質の向上と開発期間の短縮を目指す。

　広義のコンカレントエンジニアリングでは、開発・設計のプロセスに、生産、購買、品質保証、営業、マーケティング、サービスの各部門、さらには社外の部品メーカーなどが参加することで、これら後工程の情報を開発者にフィードバックし、全体的なリードタイム短縮とコストダウンを図ることを目的としている。一般的に製品コストの8割は開発・設計段階で決まるとされるが、従来の意匠、機能、強度などの設計要件のほかに、製造コストや生産設備上の制約、ユーザーの要求、保守のしやすさ、廃棄やリサイクルのコストなどを上流段階で考慮することにより、

Key Word

CAD──CAD（Computer Aided Design）とは、「製品の形状その他の属性データからなるモデルを、コンピュータの内部に作成し、解析・処理することによって進める設計」（JIS B 3000：2020-3002）と定義される。コンピュータ支援設計とも呼ばれ、コンピュータを用いて設計をすること、あるいはコンピュータによる設計支援ツールをいう。CADを「コンピュータを用いた製図システム」と解する場合はComputer Assisted Drafting、Computer Assisted Drawingを指し、同義として扱われることが多い。

　CADのうち、機械系CADは当初、主に機械製図作業を支援するために導入された。製図用紙に図面を描く代わりに入力デバイスとディスプレイを使い、対話式に図面情報をコンピュータに入力する。

　これによって、以下のように設計の効率化や正確さの向上ができるようになった。

① 繰り返し図形をコピーして作れるので効率的に作図が可能。また、類似図面の作成が容易となる

② コンピュータがもつデータから寸法を記入するため、単純な寸法ミスを

なくせる

③ 設計途中での寸法や面積の測定により、手計算の手間を省ける

④ 設計したデータはプロッターで出力するので、細部まで正確な描画が可能となる

　その後、コンピュータ上のデータを下流の生産工程で有効活用するためにCAM、CATなど、逆に上流工程で強度や振動などを解析するためにCAEなどの技術が開発され、これらを生産管理システム等の管理システムと統合してCIMS（Computer Integrated Manufacturing System）という概念に発展した。

　一方、電気設計分野におけるCADでは、プリント基板の回路パターンを効率よく設計するためのCADが開発され、また半導体においては、集積回路のフォトマスクを設計するためのCADが開発された。さらに、電気回路の動作シミュレーション機能をもったCADも開発されている。

CAE──　CAE（Computer Aided Engineering＝コンピュータ支援解析システム）とは、「製品を製造するために必要な情報をコンピュータを用いて統合的に処理し、製品品質、製造工程などを解析評価するシステム」（JIS B 3000：2020-3001）と定義される。CAEは、コンピュータ技術を活用して製品の設計、製造や工程設計の事前検討の支援を行うこと、またはそれを行うツールである。

　製品の設計時の検討は、コンピュータが発達する以前は、実物ができるまで、その設計の詳細な善し悪しがわからなかった。そのため、量産開始前に試作品を作り、製造方法の妥当性を検証したり、あるいは耐久試験などを行って製品の性能を検証していた。このような方法では、コストもリードタイムも多く必要とし、また、試作できる回数も限られることから最適な設計の追求も十分ではなかった。

　コンピュータ技術の進歩により、以下のようなニーズが高まっていった。

① 設計のCAD化によって容易に作れるようになった製品データの再利用

② CAMの普及により複雑な形状加工が実現したが、従来の机上計算では予測困難な製品形状の性能予測の実施

③ 製品に対する要求性能が高まり、最適な設計条件を求めることの必要性の増加

④ 新製品の種類増加、市場投入頻度の増加に伴い、開発費削減、開発リードタイム短縮のために試作を廃止または試作回数を減らす必要性の増加

これらのニーズを満たすツールとして、各種CAEツールが登場し、設計における事前検討用として普及した。

全体のコストを抑制する設計を行うことを目指す。また、後工程の意見が開発初期段階で反映されるため、製品出荷後の変更も少なくなることが期待される。

　一般的にコンカレントエンジニアリングはチームを編成して行われることが多いが、その作業は現在ではほとんどがネットワーク上で行われることから、バーチャルエンジニアリングとも呼ばれる。また、サイマルテニアスエンジニアリングという用語もコンカレントエンジニアリングとほぼ同義に使われる。逆に設計・製造・販売のプロセスを順に行っていく手法をシーケンシャルエンジニアリングという。→図表2-2-4

Ⅲ　3次元CADを利用したコンカレントエンジニアリング

　近年広まっている3次元CADは、コンカレントエンジニアリングを進めるうえでさまざまな利点が得られる。2次元CADは、従来手書き

図表2-2-4 ● シーケンシャルエンジニアリングとコンカレント
エンジニアリング

61

で行っていた製図作業をコンピュータに置き換えたものであるが、３次元CADは単に３次元モデルをコンピュータ上で作るだけにとどまらず、以下のような利点がある。

① 視覚的にわかりやすい

２次元CADで作られた設計図は投影図から立体を想像する必要があり、設計図を読む能力が必要となる。設計図は三角法というルールに基づいて描かれおり、簡単な設計図であれば理解できたとしても、複雑な設計図を理解するには経験が必要となる。設計者であっても、初めて見る設計図を理解するには時間がかかる場合がある。しかし、３次元CADは実体そのものであることから、だれが見ても一目瞭然である。また、３次元CADは設計図内で製図したものを回転させ、あらゆる方向から確認できるという利点がある。

設計図は設計者だけが使うものではなく、製品化する過程では営業、生産、購買先、外注先など、設計図の専門知識がない関係者が見る場合がある。３次元CADデータがあれば、専門知識がない者でも容易に形状を把握でき、関係部門とのコミュニケーションが図りやすくなる。

② 体積・表面積・質量・重心等の情報が得られる

２次元CADでこれらの情報を得るためには、時間をかけて計算する必要があり、計算ミスも発生しやすい。設計作業ではこれらの幾何情報を頻繁に使う。たとえば、体積の場合、製品の材料費の算出に使うが、形状変更は何度も発生することがあるため、その度に面倒な体積計算が必要となる。同様に、自動車や機械装置など、振動を受けたり振動を発生させたりする製品では重心位置が重要となり、設計が変更される度に重心計算が必要となる。

③ 部品を組み付けた後の干渉チェックや解析などが行える

３次元CADでは隣接する部品が接触しないかを確認したり、部品に力を加えて壊れないか確認することができる。これは、３次元CADの大きな利点で、従来は試作品が完成してから確認していたことを試作品を作る前に確認できるようになる。

④　複雑な形状や曲面などのデザインの設計が行いやすい

　近年、自動車、家電製品、日用品に至るまで、デザインのよさが重要であるが、3次元CADでは、複雑な形状や曲面などの設計が行いやすく、デザインの自由度が大幅に向上する。

⑤　試作品が容易に作成できる

　従来、試作品を作る場合、試作業者がメーカーから出された設計図を読み取り、旋盤やフライス盤等の工作機械を使って製作しており、試作品を製作するためには以下の工程が必要であった。

（1）設計図を読み取る

（2）加工方法を検討する

（3）加工データを作成する

（4）加工する

　一方、3次元CADデータを使った試作品製作では、上記の（1）から（3）が省略できる。3次元CADから出力したデータを使い、さまざまな方式の造型機（光造形、粉末造形、シート積層等の3Dプリンター）により短期間で製作が可能となっている。

　上記の利点により、2次元CADを使用していた場合には、開発の終盤

図表2-2-5 ● 3次元CADの利点

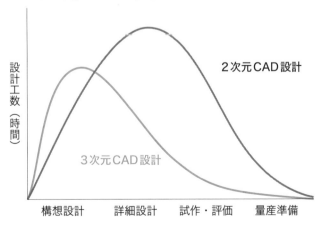

で問題が多発し、その対応に設計者が振り回されていたが、3次元CAD
を使用することにより開発の初期に問題の把握と対策が可能となり、設
計者の負荷が軽減されている。→図表2-2-5

4　価値工学（VE）

（1）価値工学（VE）とは

　価値工学（Value Engineering：VE）とは、「製品又はサービスの価
値を向上させることを目的として、それらの必要な機能（Function）を
最低のライフサイクル・コスト（Cost）で得るために、機能及びコスト
の釣り合いを研究し、設計及び材料の仕様の変更、製造方法、供給先の
変更などを、社内外の知識を総合して、組織的に、永続して行う活動」
（JIS Z 8141：2022-3114）と定義される。製品やサービスの価値を、そ
れが果たすべき機能とそのためにかかるコストとの関係で把握し、シス
テム化された手順によって価値の向上を図る手法である。

　VEは、1947年米国GEのマイルズ（L. D. Miles）によって開発され、
1960（昭和35）年ごろわが国に導入された。当初は製造メーカーの資材
部門に導入され、コスト低減の成果の大きさが注目された。その後、企
画、開発、設計、製造、物流、事務、サービスなどへと適用範囲が広が
るとともに、あらゆる業種で活用されるようになり、顧客満足の高い価
値ある新製品の開発、既存製品の改善、業務の改善、さらに小集団活動
にも導入され、企業体質の強化と収益力の増加に役立っている。

I　VEの必要性

　経営環境がめまぐるしく変化する今日、企業経営には効率化のみなら
ず絶えざる革新が求められている。単に安いものを大量に作る努力だけ
では、多様化し高度化した顧客の要求を満たすことができない状況とな
っている。お手本のない新たな時代に企業が生き残るためには、現状改
善型の努力だけではなく、現状を打破する革新が必要である。何をすべ
きか、どのような働きを果たさなければならないのかを常に見直し、製

品やサービスの価値を高めていく努力を欠かすことはできない。VEはまさに価値向上のための技術であり、新たな時代をリードしていく企業にとって欠くことのできない管理技術といえる。

Ⅱ　VEの考え方

　VEでは、製品やサービスの果たすべき機能をユーザーの立場からとらえて分析し、その達成手段についてさまざまなアイデアを出す。それらのアイデアを組み合わせ、さらに発展させたうえで評価し、最適な方法を選択する。その一連のプロセスを組織力を結集して行い、顧客が求める機能を最低のライフサイクルコストで確実に達成する手段を実現するものである。

　すなわち、使用者優先、機能本位で考える。さまざまなアイデアを生かし現状を打破する。そのために衆知を結集したチームデザインを行う。そして、機能とコストの両面から製品やサービスの価値の向上を図っていくのがVEの考え方である。

Ⅲ　VEの範囲

　VEの適用分野は、購入資材費の低減に始まって、製品全体のコスト低減にも大きな成果を上げている。現在は、製品ばかりではなく、組立作業や機械加工などの製造工程、梱包や運搬などの物流業務への適用も活発に進められている。また、書類の作成や伝票の発行などの事務手続、管理業務、間接業務にも適用できる。VE活動は製造業だけではなく、サービス業や建設業などでも導入され、企業の利益改善に効果を発揮している。

Ⅳ　VEの効果

　VEは、顧客に対しては、価値の高い製品やサービスを提供することができ、また資源の有効活用により社会にも貢献できる。企業に対しては、適切な利益を確保するとともに、組織の活性化、創造性の高い企業風土づくりにも役立つ。VE活動に参画した社員は、個を尊重した創造力の発揮とチームデザインによる目標達成により自己実現ができ、目的志向の思考力が身につくことによって、多くの場面で応用できるようになる。

このようにVEは、上手に活用・展開することによって、コスト低減効果ばかりでなく、顧客・企業・社員の三者に満足をもたらす効果がある。

V　VEにおける価値・機能・コストの関係

　価値にはいろいろな観点があるが、VEで対象とする価値は、製品を使用して得られる使用価値と、所有することで得られる貴重価値の2つをいい、価値の大きさは顧客の立場で判断される。顧客は、製品やサービスを得ようとする際に、そのモノを買うのでなく、そのモノがもっている機能を期待して買っている。したがって、顧客の認める価値は、そのモノがもっている機能が1つの尺度となる。

　また、顧客がモノを買う場合にその代価を支払うが、高い機能を期待する場合には多くの代価を支払うし、期待する機能が低い場合には支払う代価も少ない。また、同じ機能をもつならば、その代価は安ければ安いほど望ましいことになる。つまり、そのモノの機能と代価（顧客にとってはコスト）との比によって、価値の大きさが測られることになる。

　VEではその関係を次の式で表す。

$$価値（指数）= \frac{顧客の要求する機能の達成度合}{取得して使用するための費用（コスト）}$$

　または、

$$Value（価値指数）= \frac{Function（機能）}{Cost（費用）}$$

VEにおける価値の向上は次のように4つになる。（以下、増加を↑、減少を↓、変化がない場合を→と略記する）

　①　同じ機能のモノを安いコストで購入する

$$V\uparrow = \frac{F\rightarrow}{C\downarrow} \quad （コストダウンによる価値向上）$$

　②　より優れた機能のモノを、より安いコストで購入する

$$V\uparrow = \frac{F\uparrow}{C\downarrow}$$ （機能の向上とコストダウンによる価値向上）

③　同じコストでより優れた機能のモノを購入する

$$V\uparrow = \frac{F\uparrow}{C\rightarrow}$$ （機能の向上による価値向上）

④　少しコストは上がるがより優れた機能のモノを購入する

$$V\uparrow = \frac{F\uparrow}{C\uparrow}$$ （機能の大幅向上と少しのコストアップによる価値向上、$F\uparrow > C\uparrow$）

　価値の向上を示す上記の4つの式を念頭に置いてコストダウンを進める。当初、VEは生産活動段階や製品が市場に出回ってから行われていたが、近年では最上流の原価企画におけるVEをゼロルックVE、具体的な設計活動や試作段階におけるVEをファーストルックVE、生産活動における改善案や発売後に市場から寄せられる提案などを取り入れるものをセカンドルックVEと呼ぶように、製品企画段階から多段階で行われるようになっている。VEのステップとビジネスプロセスの関係は図表2-2-6のようになる。

　なお、費用は製品やサービスを提供する側にとっては売価であり、顧

図表2-2-6 ●VEのステップとビジネスプロセスの関係

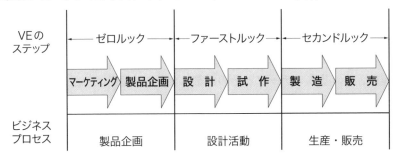

客の要求する機能を達成するためには費やされる費用を最小にするか、同じ費用であれば機能を最大にする努力をすることがVE活動の目的である。

VEの定義にあるコストとは、製造コストだけではなく、その製品を使用する際に発生する運転コスト、保守・サービスのコスト、あるいは製品を納入する際の物流コストや、寿命の尽きた製品の廃棄コストなど、製品のライフサイクルのあらゆる場面で発生するすべての費用をいう。したがって、単に製造コストだけで判断をせず、ライフサイクルでの総コストで比較し判断しなければならない。

一方、機能についても、使用する際の使用価値のほかに、顧客がそれを所有することによって得られる貴重価値がある。外観デザイン、美しさなどが貴重価値として評価されるものである、ただし、この貴重価値はすべての顧客に同様に評価される客観的なものでなく、人により環境により変わるので、定量化することは難しい。

このように、機能とそれに対するコストの大小によって価値の大きさが測られるが、価値を向上する手段や同じ機能を達成する手段は、数多く考えられる。VEの目的は、その機能を果たす多数の手段の中から、最も合理的で、経済的な手段を選び出すことである。

（２）VEの基本ステップ

VEを企業の中で実施するには、組織的な活動が必要である。VE活動で価値を評価する要素は、顧客の要求を見極めたり、ライフサイクル全体のコストを分析するなど、社内外のきわめて広い範囲にわたる情報が必要となる。そのため、多種・多様な情報をもった各部門のメンバーを集めて、組織的な活動として推進する必要がある。

VE活動の基本ステップとその詳細ステップを図表２-２-７に示す。
各ステップの内容を、以下に概略説明する。

① VE対象の情報収集——VEの対象として選定した製品やサービスについて、顧客の要求、技術・調達・製造・販売に関する制約条件

図表2-2-7 ● VEの基本ステップと詳細ステップの関係

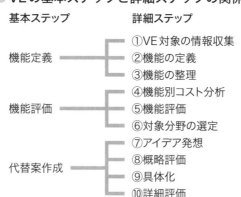

基本ステップ　　　　　詳細ステップ

機能定義
- ①VE対象の情報収集
- ②機能の定義
- ③機能の整理

機能評価
- ④機能別コスト分析
- ⑤機能評価
- ⑥対象分野の選定

代替案作成
- ⑦アイデア発想
- ⑧概略評価
- ⑨具体化
- ⑩詳細評価

や問題点などを把握する。

② 機能の定義——対象品についての情報から顧客の要求事項を明確にし、それを機能に変換する。機能は、顧客が要求する働きとしての最上位機能、それを達成する基本機能、基本機能を構成する補助機能（2次的機能）に分類・整理する。

③ 機能の整理——定義された機能について、主として基本機能を対象に目的－手段の関係に基づいて機能系統図を作成する。

④ 機能別コスト分析——製品やサービスの構成要素ごとの各機能について、正しくそのコストを求める。

⑤ 機能評価　　顧客の要求する機能の達成に、価値があるかどうかの判定は、〔V（価値：Value）$= F$（機能：Function）$/C$（コスト：Cost）〕の式で評価する。そのためには、機能FとコストCを数値化することが必要である。数値化による評価とは、機能を値打ちとしてコスト基準に置き換え、それぞれの構成機能を、相対的に計数化して評価することである。その結果、$V = F/C$の式によって、その機能達成に要するコストと対比して、価値指数を求める。同時に価値改善の目標値や改善の着手順位を明確にする。

⑥ 対象分野の選定——ここまでで機能ごとの価値の程度が評価でき

る。機能ごとの評価値に対して現状のコストの乖離の大きさを見積もり、価値と改善する機能を決定する。

⑦　アイデア発想──アイデアの発想は、集団思考によって各種の創造技法を使い、飛躍的なアイデアを生み出すことが望ましい。まず多くのヒントを集め、それを分類・整理し、本質を追求し、さらに連想・発展させてアイデアにまとめる。

⑧　概略評価──発想されたアイデアについて、価値の向上が期待できるアイデアを選択する。ここでは１つに絞り込まず、いくつかの可能性のあるアイデアを残す。

⑨　具体化──発想されたアイデアを洗練し、具体化された形にまとめ上げる。具体化されたアイデアについて、経済性・技術的可能性の面から評価を加え、価値の高い改善案にまとめていく。評価に際しては、コストの積算や技術的な可能性についてのテストや証明をこのステップで行うことも必要である。

⑩　詳細評価──具体化された複数の代替案の中から、最小のコストで最も価値の向上が得られると評価された代替案を決定する。

参考文献

NPO法人 組込みソフトウェア管理者・技術者育成研究会ホームページ「ソフトウェア設計」2002年

(公社)日本バリュー・エンジニアリング協会ホームページ

(公社)日本バリュー・エンジニアリング協会編『VE基本テキスト』

上野一郎監修『VEハンドブック普及版』(公社)日本バリュー・エンジニアリング協会、2011年

第2章 理解度チェック

次の設問に、〇×で解答しなさい（解答・解説は後段参照）。

1 生産財は、信頼性が重要視されるとともに、日常の保守点検を行いやすい構造、万一故障した場合にも修理しやすい構造であることが重要である。

2 原価企画においては、最初に個々の製品品種ごとに目標利益を設定することが重要である。

解答・解説

1 〇
生産財は故障した場合の影響が大きいことから、信頼性が重要視される。このため、信頼性の高い部品・ユニットが使用されるとともに、重要な部分については冗長系をもつ構成となっている場合が多い。また生産財の特徴として、日常の保守点検を行いやすい構造、万一故障した場合にも修理しやすい構造をもち、高信頼性の維持を重視している。

2 ×
原価企画においては、目標利益は最初から個々の製品品種ごとに割り当てられるのではなく、製品グループや製品系列別に割り当てられる場合が多い。目標利益を設定した後に、目標原価を製品品種別に設定し、さらに製品の機能別に細分化する。

工程管理における生産計画

この章のねらい

　第3章では、モノづくりの中心的な管理プロセスとしての工程管理に着目し、その考え方と実践方法について学ぶ。

　第1節では、工程管理の目的を理解し、管理活動を構成している計画と統制についての考え方や管理すべき項目について学ぶ。特に、適切な統制を行うためには綿密な計画を立てておくことが重要である。この観点から、生産計画の概要とその役割について理解する。さらに、生産計画と在庫との関係に焦点を当て、その役割と必要性について学ぶ。なお、在庫管理の詳細については第4章で学ぶ。

　第2節では、第1節で学んだ生産計画のうち、いつからいつまでどの仕事をどの機械や作業者が行うかを決める小日程計画に着目し、その考え方、計画を実践的に進める手法や表現方法について学ぶ。

第 1 節 生産計画と生産統制

◆工程管理は生産計画と生産統制とから構成されることをとらえ、相互の関連性を考慮しつつ、①工程管理の目的、②工程管理の業務構成、③工程管理の管理特性、④生産計画と在庫、⑤生産統制と緩衝機能の課題、について学ぶ。

◆工程管理の業務構成では、生産計画と生産統制のそれぞれの管理業務の構成と、双方の管理業務の関係性について学ぶ。そのうえで、生産計画の諸管理業務を、日程計画に関係する期間別の計画と要素別の計画の観点から体系的に理解する。

◆工程管理の管理特性については、時間特性と数量特性、そして工数と日程の管理特性という2つの観点があることを示す。

◆生産計画と在庫では、まず在庫の対象である資材の分類を確認し、その後で、資材の適正な在庫をもつことの利点と、在庫量が増えすぎることの欠点について示す。さらに、在庫と生産期間との関連性について、サプライチェーン、在庫ポイントなどの概念を通して解説する。

◆最後の生産統制と緩衝機能では、計画に対して、実績に差異が生じた場合には、その差異を吸収し、変動を減少させる方策が必要になり、そのためにはあらかじめ余裕となる緩衝を組み込む必要があることを理解する。

1 工程管理の目的

　工程管理を広義にとらえて生産管理と同義とする場合がある。しかし本節では、狭義の立場をとることとし、その狭義の工程管理は、所定の品質・コストの製品を保って、定められた生産量だけ、予定した納期に合わせて生産を完了するために、生産計画し、必要な資源を調達し、その計画と実績との差異を生産統制することである。なお、工程とは、「入力を出力に変換する、相互に関連する経営資源及び活動のまとまり。注釈1　経営資源には、要員、財源、施設、設備、技法及び方法が含まれる」（JIS Z 8141：2022-1231）と定義される。

　QCD（Quality＝品質、Cost＝コスト、Delivery＝納期）は、顧客の満足を得るための需要の3要素ともいわれ、広義の生産管理の目的にもつながっている。特に工程管理の目的は、需要の3要素の中でも時間管理に焦点を置いている。つまり、「納期の遵守と生産期間（生産リードタイム）の短縮」および「必要な生産数量の確保」を主要な目的に置いている。その際、「生産性の向上や操業度の維持」と「仕掛品、在庫量の適正化と減少」にも配慮することにより、工程管理費用ないしは製造原価の低減、さらには生産・販売・物流活動の統合化やジャストインタイム化によってトータルコストの低減を図ることを目指している。

（1）納期の遵守

　納期を確保することは、顧客が要求する時期までに、要求された数量を供給することであり、価格や品質と同様に取引上の絶対条件となる。顧客から信用を得て、顧客と契約した期日に納品するためには次のことに留意すべきである。

　①　適切な納期で注文をとること
　②　生産計画どおりに生産すること

なお、①についてはムリな注文をなるべく避けることであるが、それには生産に必要な標準的な期間（後述する基準日程という）を決めてお

き、それに基づいて受注活動を行うべきである。②は精度の高い生産計画を立てることであるが、それには受注情報の信頼性や計画資料の精度を向上させることが必要である。

（2）生産期間の短縮

生産期間を短縮するためには、図表3-1-1に示したようにその構成要素である製品の設計期間、資材の調達期間、製造期間を短縮しなければならない。生産期間の短縮によって、短納期注文への対応や受注予測の精度が向上するので受注競争が有利になる。また、仕掛品や貯蔵品が減るので運転資金が節減され、資本の回転率が向上するとともに、納期確保の容易化、生産活動の向上、製造原価の引き下げなどの効果が期待できる。

生産期間が受注期間（受注納期）より長い場合には、受注してから生産に着手したのでは、納期までに製品を完成できない。この場合は、生産期間を短縮するか、先行手配（見込調達や見込生産）をする必要がある。

図表3-1-1 ● 生産期間の構成内容

製品の設計期間		資材の調達期間		製造期間	
製品設計	試作	購買	外注	部品加工	製品組立

見込生産 ←──────────────────────→

個別受注生産 ←────────────────────────────────────→

出所：工程管理ハンドブック編集委員会編『工程管理ハンドブック』p. 45、1992年

（3）生産期間に含まれる製造期間の短縮

生産期間の中で特に製造期間を短縮するためには、仕掛品を低減することが効果的であり、逆に、仕掛品を減らすことにより製造期間が短縮できる。つまり、製造期間は、加工期間・組立期間・検査期間・運搬期

間および停滞期間によって構成されるが、なかでも仕掛品として停滞している期間が著しく長いからである。一般的には、全生産期間に占める停滞期間は6割から8割といわれている。

なお仕掛品とは、「原材料が払い出されてから、完成品として入庫（又は出荷）の手続が済むまでの全ての段階にある品物」（JIS Z 8141：2022 -1235）と定義される。つまり、現場の加工・組立段階で停滞状態にある資材のことであり、主に工程待ち（工程間の一時待ち）とロット待ち（当該ロットの加工すべてが終了するまで停滞している状態）がある。

（4）稼働率の向上

前述のように不要な仕掛品を低減することが、製造期間を短縮する重要課題であることを述べた。

しかし、多種少量生産では、必要最小限の適切な仕掛品を保有し、それが作業者や設備の手待ちを防止し、稼働率の向上につながる効果がある場合がある。つまり、適度な仕掛品があれば、人や機械の操業度を維持できるので、正確な生産予定が立てられる。その反面、前述したように多すぎる工程間および工程内の仕掛品は、生産期間の長期化を招くことになるので注意を必要とする。

そのほかの製造期間の短縮策としては、生産の同期化、モノの流れの円滑化、小ロット生産化、段取替え時間の短縮などがある。

2 工程管理の業務構成

（1）生産計画と生産統制

ここでは、生産計画と生産統制のそれぞれに含まれる管理業務の構成と、双方の管理業務の関係性について説明する。図表3-1-2に、生産計画と生産統制のそれぞれに含まれる管理業務の構成を示した。

まず、生産計画に関係する計画活動は、手順計画、工数計画、日程計画、材料計画・外注計画・購入計画、人員計画・設備計画・治工具計画である。

図表３-１-２ ● 工程管理の業務構成

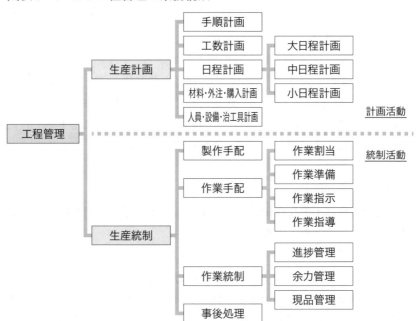

　一方、生産統制を構成する統制活動は、製作手配、作業手配（作業割当、作業準備、作業指示、作業指導）、作業統制（進捗管理（進度管理）、余力管理、現品管理）、事後処理である。

　生産計画と生産統制のそれぞれの諸管理業務を関連づけてみよう。まず、時間に関連しているのは日程計画や進捗管理、そして作業手配（差立［さしだて］ともいう）である。次に、資材に関連しているのは、材料計画・外注計画・購入計画、そして、調達手配や在庫管理に関連した現品管理といえる。そして、人や機械に関連しているのは、工数計画や余力管理、あるいは設備計画・治工具計画などである。このように計画・手配・コントロールなどの諸管理業務を密接に連携づけながら遂行していくのが工程管理の主要な役割といえる。すなわち、工程管理は生産管理の中でも広範で最重要である管理業務を取り扱っている。

（2）期間別の計画と要素別の計画

Ⅰ　生産計画における期間別の計画（日程計画）

　生産計画における日程計画は、図表3-1-3に示すように大・中・小日程計画のように分けられる。このような日程計画には、短期経営計画と深い関連性をもつ大日程計画（年度や半年計画で、事業部や工場全体のスケジュール）がある。次に、3ヵ月先の内示計画から1ヵ月先の確定計画などを含む中日程計画（月度計画で、工場内の部門別や工程別、

図表3-1-3 ●大・中・小日程計画の主な計画業務内容

日程	計画期間	単位	計画対象	目 的	計画内容
大日程計画	（年間レベルの長期日程）半年〜1年間	週〜月	事業部別・工場別	販売計画との調整をしながら大日程（＝設計・調達・製造・物流日程）を立案。売上目標を達成するために、工場全体の生産品種、生産数量、製造原価を決定。	・モデルチェンジ計画 ・量産移行計画 ・設備投資計画 ・材料計画（先行手配） ・人員計画 ・サプライヤー選定
中日程計画	（月間レベルの中期日程）1〜3ヵ月間	日〜旬	工場内の製造部門別・工程別	生産品種・生産量、その品種の最終納期に合わせた生産完了日の確定。その生産完了日に対して「基準日程（各工程の加工時間＋余裕時間の平均日数）」を考慮することにより、部品製作・最終製品組立、外注部品の調達手配の着手・完了日程の決定。	・一般的に翌月分は、確定計画、再来月分は内示計画と呼ぶ。 ・内製部品製作、最終製品組立の生産指示（着手日・完了日） ・購買・外注部品の購買指示（手配日・納品日）
小日程計画	（週間レベルの短期日程）1〜10日間	時間〜日	製造現場内の班別・個人別	資材調達の実情・工程の進捗状況・注文内容の変更を考慮したうえで、作業者別・機械別で、製品別・ロット別の「作業割当」まで決めた作業予定。	・狭義のスケジューリング：作業者別・機械別に各作業の開始と終了の時期を決めた詳細な計画

79

製品品種ごとのスケジュール）がある。そして、個々の製品に対する作業者や機械への詳細な作業割当や作業順序の最終的な実行計画である小日程計画（週間にわたる日単位や時間単位ごとの作業者別・機械別のスケジュール）がある。

　後述する工数計画に対応して、中日程計画および小日程計画は並行して進められるべきものである。日程計画では基準日程（資材調達や製造などを含めた生産活動に必要な標準的な期間）をもとに各工程での作業の着手日と完了日の予定を決めるのに対して、その後の工数計画では各工程の負荷と能力の調整に重点を置き、合理的で実現可能なスケジュールを設定する。

Ⅱ　生産計画における主な要素別の計画

1）手順計画

　手順計画によって、作業方法、部品の加工順序・製品の組立順序、各工程で活用する機械・治工具・人員、（標準）作業時間などを決定する。一般に、手順計画の大部分は、実際の製造活動を実施する段階以前の上位の計画段階での管理機能であり、主として生産技術部門が担当する生産システム設計（工程設計）および作業システム設計の業務に関係している。

2）工数計画

　工数計画では、所定の計画期間（普通は1ヵ月）に所定の職場で生産する製品の仕事量（負荷工数）と、同期間の生産能力（保有工数）を求め、余力（両者の差）が最小となるように、両者を調整する。詳しくは本章第2節 2 「能力と負荷のバランス」で、工数計画（負荷計画）について説明する。

Ⅲ　生産統制における主な要素別の計画

　生産計画における大・中・小日程計画とともにその他の計画が連携して立てられ、製造現場へ生産指示されて日々の作業が実施される。しかしながら、日常の業務では、計画段階には予測困難な要因（たとえば、設計変更、機械故障、資材調達の遅れ、不適合品の発生など）で、計画

や標準（基準日程や作業標準）どおり実施できないことがある。

　したがって、生産統制が必要となる。生産統制は、生産計画と製造活動という2つの業務間にあって、生産計画と製造活動の実績との差異、さらには差異が生じた原因を的確に把握して、必要な場合には再計画やそのための作業変更や対策を講じて、当初の生産計画時に立てた目標納期と目標生産数量をできる限り達成できるように製造活動を統制する機能といえる。

　生産計画と生産統制とはお互いに対応するものであり、工数計画に対しては余力管理が、小日程計画に対しては差立や進捗管理が対応する。

　生産統制の管理業務を実施順序に従って大別すると、製作手配、そして作業手配（差立）、作業統制、事後処理という4段階に分けられる。図表3-1-4に、生産統制の中で特に作業手配と、作業統制を構成する進捗管理、余力管理、現品管理を取り上げて、それらに対して生産計画の管理業務とどのように対応づけて統制すべきかを示した。

図表3-1-4●生産計画に対応した生産統制の各管理業務の関係

生産統制	管理業務の内容	生産計画の統制
作業手配 （差立）	職場の作業者・機械に対する日々の作業の作業準備、作業割当、作業指示、作業指導	小日程計画の作業着手日程の統制
進捗管理	作業予定に対して、製造現場の予測困難な要因に対応した作業実績の把握：進捗の分析・判定・対策、そして効果確認	小日程計画の作業完了日程（納期確保）の統制
余力管理	工数計画時に対して予測を超えた仕事量と生産能力とによる余力を再配分して、計画された納期確保	工数計画に対する修正
現品管理	現品（原材料、部品、半製品、仕掛品、製品）の所在と数量を把握し、倉庫での保管、工場内での運搬、製造現場内での停滞（仕掛品）の状態を管理	材料計画、在庫管理、運搬管理などに関係

3 工程管理の管理特性

ここでは、前項で述べた生産計画と生産統制について、管理特性の面から詳述する。→図表3-1-5

（1）工程管理の時間特性と数量特性

生産計画では、長期的な大日程計画、さらに月間レベルにわたって生産すべき製品の種類と数量に関する中日程計画（基準生産計画の立案を含む）を作成する。生産計画における大・中・小日程計画とともにその

図表3-1-5 ● 工程管理における生産計画と生産統制の管理特性

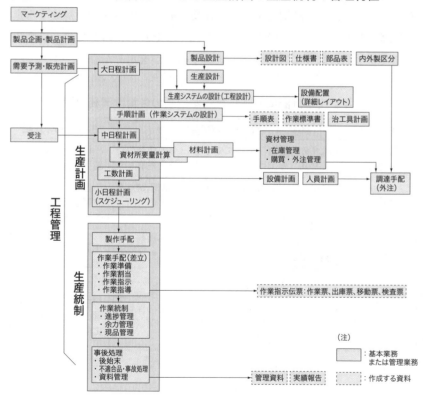

他の計画が連携して立てられ、製造現場へ生産指示されて日々の作業が実施される。

特に、受注に対応して立案する中日程計画を立てた後のアウトプット情報には、購買指示（購買オーダ）系統と生産指示（生産オーダ）系統の2つの種類がある。

前項では、日常の業務では計画段階には予測困難な要因で、計画や標準どおり実施できないことがあり、したがって生産統制が必要になること、またその機能について述べた。

この生産統制の管理業務を実施順序に従って大別すると、製作手配、そして作業手配（差立）、作業統制、事後処理という4段階に分けられる。

前掲の図表3-1-4にも示したように、作業手配（差立）とは、「ある機械・設備で、一つのジョブの処理が終わったとき、次に処理すべきジョブ（作業）を決定し指示する活動」（JIS Z 8141：2022-4203）と定義される。また、作業手配は、生産計画の小日程計画に対して、日々のそれぞれの製造オーダに対する作業着手時点の統制を行うことで、具体的には、製造現場における各部署や各作業者・機械に対して、作業割当、作業準備、作業指示、作業指導を実施することである。

作業統制について、まず進捗管理とは、「仕事の進行状況を把握し、日々の仕事の進み具合を調整する活動」（JIS Z 8141：2022-4104）と定義され、小日程計画の作業完了時点（納期確保）に対して作業の進捗状況を把握し調整して、納期を守るようにすることである。次に余力管理とは、「各工程又は個々の作業者について、現在の負荷状態と現有能力とを把握し、現在どれだけの余力又は不足があるかを検討し、作業の再配分を行って能力と負荷とを均衡させる活動。注釈1 余力とは、能力と負荷との差である。工数管理ともいう」（JIS Z 8141：2022-4103）と定義される。すなわち、余力管理は、工数計画に対する修正であり、現在の仕事量（負荷）を把握して、人や機械の能力をフルに活用することである。

実際の生産時における統制に関しては、主に現品管理と進捗管理が関連づけられる。現品管理とは、「資材、仕掛品、製品などの物について運

搬・移動又は停滞・保管の状況を管理する活動。注釈 1　現品の経済的な処理並びに数量及び所在の確実な把握を目的とする。現物管理ともいう」（JIS Z 8141：2022-4102）と定義される。現品の管理を行うためには、人の情報、モノの情報、そして管理の情報の流れを同期化する必要がある。

　製造現場における業務実施後には、事後処理活動として、後始末、不適合品や事故の処理、作業実績の資料管理などを行う。この資料管理とは、日々の生産実績を記録し、それを処理して将来の計画に必要な資料をまとめるとともに、関係する必要な情報を提供することである。

（2）工程管理における工数と日程

　前述のように工程管理のそれぞれの管理業務を連携させながら、手順、日程、工数、資材の相互関連性を勘案しながら、生産計画による Plan を立て、生産統制による Do、そして計画と実績の差異を Check して、必要に応じて Act として対策や生産計画の再計画をすることになる。

Ⅰ　手順に関する計画および統制の管理機能

　手順計画とは、「製品を生産するに当たり、その製品の設計情報を用いて、必要作業、工程順序及び作業条件を決める活動」（JIS Z 8141：2022-3303）と定義される。手順計画では、加工・組立の方法や作業順序、標準作業時間、使用する設備および治工具など、生産計画に必要な技術的要件をすべて決めるので、他の生産計画に含まれる詳細計画を立案していく基礎資料として重要な役割を果たす。この手順計画を、製作手配による作業予定表や関係書類を通じて生産現場へ指示することになる。さらに、小日程計画によるスケジューリングに基づき、作業手配（差立）によってそれぞれの作業を担当する職場ごとへ具体的な作業準備・作業割当・作業指示が実施される。

Ⅱ　日程および工数に関する計画ならびに統制の管理機能

　工程管理に用いる生産に関する時間には、2 つの表現方法がある。1 つは、納期管理に関する生産進行の所要時間であり、一般的に日程として表現される。もう 1 つは、作業遂行または生産処理に必要な作業時間

であり、一般的に工数として表現される。

日程とは、「仕事の構成要素の順序付けと、それに対応する期間との関係を示す計画」(JIS Z 8141：2022-1236) と定義される。日程は、製作過程の経過時間であり、オーダが投入されてから完成するまでの所要時間である。日程には、直接的な製造作業時間（主体作業時間）以外に、段取時間や停滞時間が含まれている。前述したように、直接作業時間の製作期間に占める割合は小さく、したがって、大部分を占める停滞時間の削減を図る必要がある。

一方、工数とは、「仕事量の全体を表す尺度で、仕事を一人の作業者で遂行するのに要する時間」(JIS Z 8141：2022-1227) と定義される。工数は、製作工程で処理すべき仕事量を表しており、主体作業時間と段取時間との合計である総作業時間である。工数を表す単位としては、人的労働時間（マンアワー）と機械運転時間（マシンアワー）の2種類がある。部品や製品1個当たりの製作にかかる基準時間を標準時間と呼ぶ。

以上のように、これらの日程の観点によって生産計画の日程計画と生産統制における作業手配（特に進捗管理）と、工数に関連した生産計画の工数計画と生産統制の余力管理が相互連携することにより、工程管理の目的で掲げた「納期の遵守と生産期間（生産リードタイム）の短縮」および「必要な製造数量の確保」を達成できることになる。

4 生産計画と在庫

（1）在庫の利点と欠点

加工度に応じて資材の種類を分類すると次のようになる。

① 素材・原材料

② 部品

③ 構成部品——いくつかの部品を組み合わせたもので、さらに次の段階のユニットモジュールの一部となる機能部品

④ 仕掛品——生産工程中の各段階で、加工または組立の最中か、工

程間に停滞、あるいは半製品として保管されているもの（中間在庫ということもある）

⑤　最終製品（完成品）

これらの資材は、たとえば、原材料倉庫、部品倉庫、仕掛品倉庫、工場の製品倉庫、配送センター、市場近くの店舗というように、多段階のさまざまな在庫ポイントにおいて、在庫として管理されている。

さらに、製造業や流通業においては、非常に多くの品目の在庫を扱わなくてはならない。たとえば、原材料や部品の不足は製造活動に混乱を生じさせ、多くの仕掛品が停滞していると生産期間の遅延を招き、製品の不足は販売機会損失を招くばかりでなく顧客の信用を失う。逆に、過剰な在庫は、資金を固定化するばかりでなく、在庫品の品質劣化や死蔵在庫（デッドストック）につながり、原価を高くし、利益を低下させる。在庫管理は、これらに対処すべく、在庫品の品目や量を計画し、統制することを目的としている。

生産活動をはじめとして調達や販売を円滑に行うには、適正な在庫が必要である。特に適正な在庫量を設定することが重要な課題といえる。以下に在庫をもつことの利点と欠点についてまとめてみよう。

Ⅰ　在庫の利点

1）調達費用の削減

経済単位での調達が可能になり、購入価格が安くなる。また、調達回数が少なくなるので、事務処理費用などの調達のための費用が少なくなる。

2）段取回数の削減および稼働率の向上

経済単位での加工が可能になり、段取回数を減らし、設備の稼働率を上げる。また、小ロットの生産により作業が安定し、作業時間の短縮や品質の安定が期待できる。

3）緩衝機能とサービス率の向上

緩衝機能をもつことにより、各段階で品切れをなくす。つまり、原材料や仕掛品在庫は作業に対するサービスとなって、作業の稼働率を上げ、製品在庫は販売に対するサービスとなって、営業を有利にする。

4）生産期間の短縮

　材料在庫は調達期間を省き、仕掛品在庫はその加工段階までの製造期間が見かけ上かからないとみなされ、製品在庫は即納となり、全生産期間が短縮される。

Ⅱ　在庫の欠点

1）運転資金の増大

　在庫量が増えれば、運転資金それ自体が増加すると同時に、運転資金に対する金利負担が増える。これはほかに資金を運用する機会をなくし、販売機会損失となる。また、倉庫などの保管費用をも増大させる。

2）死蔵在庫、不適合品の発生

　需要が減少し、製品が売れなくなって製品在庫が死蔵化したり、モデルチェンジなどによって品種が変更すると、旧製品の原材料や部品の在庫品が使用されなくなる。また、製品によっては在庫中に劣化が起こり不適合品となることもある。

3）保管面積の拡大、固定費の増加

　在庫量が増えるほど、保管面積が増加し、そのための土地や建物、運搬機器、環境維持のための機器類、運営人員などが増え、これに比例して固定費が増加する。

4）製造期間の長期化

　工程間の仕掛品が多い場合は、後から受注した製品の加工が工程待ちとなり、製造期間が長くなる。

（2）在庫と生産期間

　個々の在庫ポイントに対する十分な在庫管理がなされていなければならない。生産計画・調達・製造・流通・販売におけるモノの流れと多段階の在庫ポイントを、トータルシステムとして適切な多段階生産・在庫システムを構築し、そのシステムに対して情報技術をうまく利用した管理をしていくべきである。

　このように生産や流通活動を通じて、さまざまな形態の在庫が存在す

るが、本当に不必要な在庫を除いて、それぞれの在庫にはそれらが必要
な在庫理由がある。その在庫理由とは、製造活動や流通活動にはリード
タイムが必要なこと、そしてそのリードタイム自体や需要量が不確実性
をもっていることである。さらに、需要量に対して、生産システムの能
力がいつも一致するとは限らないからである。したがって、在庫は緩衝
（バッファ：Buffer）の機能を果たしてくれる。

　これに対して、現状で必要と思われている在庫を削減しようとしたら、
その在庫理由をなくす必要があり、多くの場合、部分的な在庫ポイント
の改善のみならず、関連性のある多段階生産・在庫システムの体制を根
本的に体質改善することが求められる。

　図表3-1-6に、サプライチェーンの概念として、組織・企業の壁を

図表3-1-6 ● さまざまな生産方式と在庫ポイントに対応した デカップリングポイント

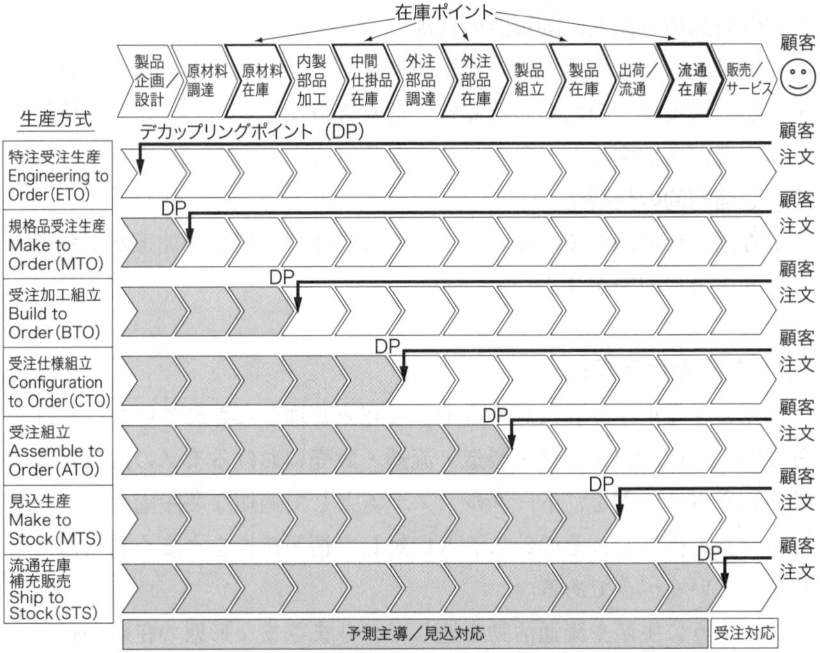

超えた商品供給にかかわるすべての業務プロセスの連鎖を示す。つまり、商品の供給活動全体を、企画・開発→受注→生産計画→調達→製造→流通→販売・サービスといった1つの連鎖構造としてとらえたものである。

また、供給に携わるメンバーのつながりとしてサプライチェーンを見てみると、原材料サプライヤー→部品サプライヤー→メーカー→卸売業者→小売業者→消費者というつながりが存在する。そして、各メンバー（企業）間の鎖をつなぐ緩衝の役割をしてくれる在庫ポイントがある。

一般的に、顧客に対して許容される納期は、事業プロセスにおける全サプライチェーンプロセスのリードタイムに比べてはるかに短い。つまり、資材の調達、生産、販売、配送に要する時間は、一般に顧客が注文をしてから最終製品を受けるまでの許容時間に比べて長いため、顧客の注文を受けてから調達、生産を開始する受注生産方式では顧客の要求納期を満たすことができない。

一方、製品ライフサイクルが短い場合、最終製品を在庫として保有する見込生産方式は、死蔵在庫による財務状況悪化の危険性が高い。このようなトレードオフの問題に対して多くの製造業では、見込生産方式と受注生産方式を組み合わせた生産方式によって顧客に対応している。すなわち、部品・中間製品などは予測に基づいて生産を行い、顧客の受注を受けてからそれらの在庫を用いて最終製品の生産を開始する。

このような見込生産と受注生産の分岐点をデカップリングポイント（Decoupling Point：DP）と呼ぶ。デカップリングポイントは、計画が実際の需要に引き当てられるポイントであるから、受注引当ポイントと呼ばれることもある。デカップリングポイント設定の原則は、顧客個別への対応として、カスタマイゼーションに要する時間が要求納期に等しいか、短くなる在庫ポイントを見つけることである。

前掲の図表3-1-6に示したように、デカップリングポイントの位置によって、見込生産と受注生産の融合の仕方が異なるために管理方式そのものも変化してくることから、さまざまな生産方式が考えられる。一般的に、デカップリングポイントがサプライチェーンの上流であるほど、

在庫は削減できるが顧客への対応は悪化し、デカップリングポイントが下流であるほど、在庫は増えるが顧客の需要には迅速に対応できる。

5 生産統制と緩衝機能

（1）緩衝機能の重要性

生産計画に対して、実績に差異が生じた場合には、その差異を吸収し、変動を減少させる方策が必要になる。そのために生産計画や工程編成の際に、あらかじめ余裕となる緩衝（バッファ：Buffer）を組み込むことがある。

生産計画においてどのような緩衝を設けるか、またその大きさをどれくらいにするかは、需要への適応性と経済性を高め、かつ計画と統制の調和を図っていくための重要な問題である。

生産計画において、適当な種類と大きさの緩衝をもつことにより変動が吸収されるならば、需要への適応性は高くなる。反面、その緩衝規模が大きくなると、それを維持するコストも大きくなる。

変動に対する緩衝機能をもたないと、緩衝に要するコストは小さくなるが、反対に、需要への適応性の低下による損失や統制機能を働かせるコストが大きくなる。

（2）緩衝の種類

緩衝の種類には次のような3つの方策がある。
① モノによる緩衝（原材料・部品・仕掛品・製品在庫など）
② 能力による緩衝（予備人員・機械、残業、外注など）
③ 時間による緩衝（余裕のある納期・日程計画など）

このうち、特に重要な「モノによる緩衝」について述べる。

1）原材料・部品在庫

生産計画どおりに原材料・部品が納入されない場合は、計画変更による原材料・部品の使用種類や使用数量に対する品切れ防止のために、原

材料・部品の安全在庫が必要になる。

2）仕掛品在庫

　仕掛品在庫は、各工程間でバッファ的な役割を果たすことから、各工程が独立性をもち、前後の工程の制約なしに効率的な生産ができる。仕掛品在庫の活用として次のようなものがある。

　　ア　各工程間で生産能力のバランスを考えるとき、主要工程がしばしばボトルネック工程であることがあり、この工程の前に仕掛品の中間在庫を置き、この工程の生産能力の向上を図ることによって全工程の生産能力を上げることが期待できる。

　　イ　生産設備の故障、品質不適合などの予測困難な要因による生産時間ロスを工程内で防止できる。

　　ウ　生産期間が長い場合に、標準品を中間的な仕掛品在庫として見込みによる先行生産をしておけば、受注があってから製品を完成するまでの生産期間を短縮できる。

　しかしながら、仕掛品在庫が増えすぎると、在庫費用が増大することに加えて、生産リードタイムが長くなり、顧客受注に対する短納期対応ができなくなる。さらに、先の在庫費用に加えて、在庫回転率が低下するために財務的にも不利となる。

3）製品在庫

　製品在庫の緩衝があると、販売による需要の変動の影響を、生産計画や生産工程に直接受けることが避けられるために（独立性）、生産能力を安定して使うことができ、経済的に生産できる。

　生産のロットまとめを行い（ロットサイズ在庫とも呼ぶ）、リードタイムを考慮した生産計画を立てるために、在庫管理が重要な役割を果たす。まとめて生産すれば１回の段取で済むため低いコストで生産できる。つまり量産効果という在庫理由に基づく在庫である。

　ただし、製品在庫が多すぎると保管費用の増大・資金悪化・在庫の陳腐化を引き起こし、一方、在庫が少なすぎて品切れを起こすと販売機会を失うというトレードオフの関係になる。

第 2 節 生産計画

◆本節では、①生産計画の基本的な立案方法、②能力と負荷の
バランス、③スケジューリングの基礎、の3つの学習課題を
通して生産計画について理解する。

◆生産計画の基本的な立案方法として、まず生産計画を3つの
レベルからとらえる。すなわち、基本計画、総合生産計画、
詳細生産計画（中日程計画段階での月次の生産要素別計画）
である。この月次の生産計画に関連づけて、ローリング計画
について述べる。さらに、工数計画と日程計画との関係性に
ついても示す。

◆次に能力と負荷のバランスの考え方として、2つの側面があ
る。生産計画の段階で実施するものを工数計画、一方、生産
統制の段階でその工数計画を調整して実施するものを余力管
理と呼ぶことがあり、本節では前者の工数計画を取り上げる。
工数計画を立案する際に、特に生産能力と負荷の求め方と、
それぞれの調整方法について学ぶ。

◆スケジューリングの基礎では、その目的、小日程計画（狭義
のスケジューリング）、そしてフォワードスケジューリング
（順行法）とバックワードスケジューリング（逆行法）につい
て述べる。さらに、スケジューリングの基本的なツールとし
て、基準日程に基づき、ガントチャートを用いたスケジュー
リングについて理解する。

1　生産計画の基本的な立案方法

　生産計画は、一般的には次のような３つのレベルからとらえることがある。

① 基本計画（長期計画の一環としての経営構造計画）

② 総合生産計画（前述した大日程計画段階での年度業務計画）

③ 詳細生産計画（前述した中日程計画段階での月次の生産要素別計画）

　ここでは総合生産計画との関係を踏まえたうえで、詳細生産計画を立案する基本的な流れを把握することにしたい。→図表３-２-１

　総合生産計画では、一般的には年度経営計画として、生産計画、購買計画、資金計画および利益予算が立てられる。つまり、経営方針や需要

図表３-２-１ ● 大日程計画・中日程計画・小日程計画を中心とした
　　　　　　　生産計画の立案

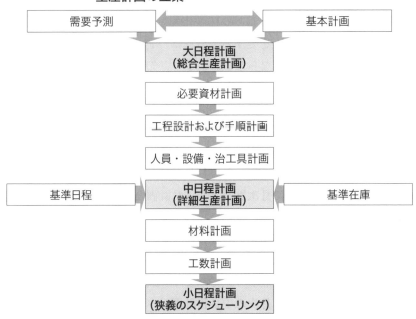

予測に基づき販売計画が立てられ、それを基点として年度の総合的な生産計画が立てられる。その生産計画に基づき、購買計画および外注計画が立案される。こうした生産計画や購買計画のような物量的な計画と並行して、資金計画や、目標利益の確保のための利益予算が見積もられる。このように、年度経営計画は、技術、開発、販売、購買、生産、労務、事務、財務などの広い部門にまたがる業務計画へと展開されていく。

　大まかな総合生産計画が立案されると、それを詳細生産計画へと具体化していき、生産活動の基本的な構成要素である作業方法、設備、人、原材料、レイアウト、日程などについて計画を進めていく。前述した生産計画側の諸管理活動として、手順計画、外注計画、人員計画、設備計画、治工具計画がなされた後に、中日程計画以降に立案されるものとして、工数計画、材料計画、そして小日程計画（本節 **3** **(2)** で述べる狭義のスケジューリング）などがある。

（1）ローリング計画

　期間別計画において月次ごとの日程計画を立てても、原材料の調達や製品の製造に1ヵ月以上を要する場合には、1ヵ月以上前から調達や製造の活動を始めなくてはならない。つまり、先を見据えた計画を立てることが必要になる。

　しかし、先を予測した日程計画には不確実な要素が含まれている。たとえば、3ヵ月先を見込んで計画を立てた場合に、1ヵ月経った時点では、当初の計画どおりに進まない事態が生じ、改めて先行き3ヵ月分の計画を立てることが必要になるかもしれない。こうした場合には、図表3-2-2に示したように月次計画と3ヵ月計画とを連動させることが必要になる。このように計画の時点を移行しながら、先を見て計画を順次立案していく方式をローリング計画という。

　ここで、見込生産における生産計画に対応した、資材の購買要求の例を、ローリング計画の観点から見てみよう。販売計画と製品在庫量から生産計画を策定するが、月次の中日程計画レベルで考えると、将来3ヵ

図表３-２-２ ● 月次日程計画のローリング計画の例

月先ならば内々示計画、２ヵ月先ならば内示計画、来月では確定計画、あるいは週単位の小日程計画レベルとして向こう１週間の実行計画も含めて、サプライヤーに提示される。

　計画期間が長くなるほど需要予測の的中率は下がるので、長期計画ほど予測と実績のズレが生じる。しかし、予測と実績のズレの幅（許容範囲）を、たとえば、内々示計画は20％以内、内示計画は10％以内というように、計画の的中率を数量化し、発注者は計画性あるいは責任の度合いを高めていく努力をしなければならない。なぜなら、サプライヤー側にとって、確定計画の情報をもらってから準備してはリードタイムの関係上、間に合わないものがあるために、先行手配をする必要のものがある。計画の的中率が低すぎたり、バラツキが大きすぎると、サプライヤーとの信頼関係が損なわれ、長期的に見ると不利な取引条件になるおそれがある。

（２）日程計画と工数計画との関連

　工数計画では、生産計画の生産予定表によって求められた製品別の生産量と納期に対して、所定の計画期間（通常は１ヵ月）に、それぞれの製品に対応した職場で、生産する製品別の仕事量（負荷工数）を決定する。そして、その仕事量に対照して、同期間の現有の生産能力（機械・設備や作業者の保有工数）を求め、両者の差が最小となるように調整する。

　生産予定表における日々の生産要求は日々変動する。その結果として

仕事量も変化するので、それに対応して製造職場の生産能力が十分であるかどうかを検討し、生産計画の実行可能性を判断する必要がある。工数計画では、負荷工数と生産能力を比較することによって、負荷工数が不足している場合、あるいはその反対に生産能力が不足している場合には、必要に応じて手順計画や日程計画との調整をしながら、工数計画として対策を立てていくことになる。

それぞれの作業に必要な作業者や機械・設備が必要な時期に確保できなければ、原材料や部品を準備し、作業の日程計画を立てたとしても、工数計画がその日程計画に裏づけされていないと、生産計画で決められた数量の製品の納期を遵守して製造することができない。

したがって、受注（見込生産の場合には需要予測）によって、生産計画として製品別の生産量や納期が決定し、手順計画によってそれぞれの製造職場（工程）における作業方法や所要時間が決められたならば、次に1ヵ月の仕事量を集計し、工場全体として、いつ、どの製造職場（工程）に、どれだけの作業者（技能レベル、人員数）や、機械（機械の種類、台数）が必要になるのかを算出する。それによって、各職場（工程）における負荷工数と生産能力との過不足を調整し、職場別・機械別・作業者別に仕事を割り当てていく、それが工数計画である。

一方、工数計画側の対策だけで対処できない場合には、当初立案した日程計画を実現可能なものへと変更・調整していく。

2 能力と負荷のバランス

前述したように、能力と負荷のバランスを考える際に、2つの側面があり、生産計画の段階で実施するものを工数計画、一方、生産統制の段階でその工数計画を調整して実施するものを余力管理と呼ぶことがある。ここでは前者の工数計画を取り上げる。

（1）工数とは

　仕事量と生産能力を比較して、調整するには、いかに共通の基準（モノサシ）で表示するかどうかが問題になる。一般的には、作業時間や作業量が用いられることがある。仕事量と生産能力の表示方法の1つとして、工数がある。工数とは、「仕事量の全体を表す尺度で、仕事を一人の作業者で遂行するのに要する時間」（JIS Z 8141：2022-1227）と定義される。工数は、負荷工数および保有工数を示すことが多く用いられる。たとえば、人的労働時間（作業時間）の延べ作業時間として、次に示すような工数の表示方法がある。

①　人・日（man-day）
②　人・時（man-hour）
③　人・分（man-minute）

　これらの中で、人・時という表示が使われることが多い。たとえば、100工数といえば、100人・時ということで、1人で作業を実施すると100時間かかることになり、5人で分担して作業をすると20時間で完了することを示している。

（2）仕事量（負荷工数）の算出方法

　負荷工数は、製品や部品を1単位製造するために必要となる標準時間（所要作業時間）と、一定期間内の生産数量に基づいて次式により求められる。これは、一定期間にどれだりの数量の製品や部品を作るかを、仕事量に置き換えていることを意味している。

　　　負荷工数＝1個当たりの標準時間×一定期間内の生産数量

　たとえば、ある部品1個を加工するのに0.75時間かかり、1ヵ月の生産数量が800個だとすると次のようになる。

　　　負荷工数＝0.75時間／個×800個／月＝600時間／月

　なお、一定期間内の生産数量に対して適合品率を考慮しなければなら

ない場合には、以下のように負荷工数を求めることがある。

　　負荷工数＝１個当たりの標準時間×一定期間内の生産数量÷適合品率

　さらに、負荷工数については、生産量に関する負荷工数のみでなく、製品品種の切り替えに伴う準備段取作業にかかる時間を、準備段取工数として加算する場合もある。

　　負荷工数＝１個当たりの標準時間×一定期間内の生産数量
　　　　　　＋段取回数×平均段取時間

　このように製造職場別あるいは、その職場に含まれる１つひとつの工程ごとの負荷工数を、週あるいは月単位で累積して求めることになるが、すべての工程についての負荷工数を計算する手間を省くために、ボトルネック工程に焦点を当てて負荷工数の計算をすることもある。

　ボトルネックとは、「能力所要量が利用可能能力を上回っている工程、設備、機能又は部門。注釈１　あい路ともいう」（JIS Z 8141：2022-4109）と定義される。特に、組立ラインや装置産業の連続ラインのように工程順序に柔軟性がない場合に、ボトルネック工程が生産ライン全体の能力を限定してしまう。それ以外の工程を増強しても、ボトルネック工程の前に仕掛品在庫がたまり、また、ボトルネック工程より後の工程で手待ちや作業遅れが発生することになる。したがって、工程全体の流れの中でまずボトルネック工程の発見、そしてそのボトルネック工程の改善、次にボトルネック工程以外の工程の改善を順次進めていくことにより、生産ライン全体の生産能力の向上や、生産リードタイムの短縮につながる。

（3）生産能力（保有工数）の算出方法

　生産能力の算出については、作業者の実働時間や機械の運転時間を基準として行う場合が一般的である。すなわち、職場ごと、またはその職場に含まれる工程ごとに、作業者や機械が標準の操業で稼働する場合の特定期間（月別・期別）における生産能力は、次式により求められる。

標準の操業度とは、一般には、定時間労働を意味している。

作業者の生産能力＝特定期間の就業時間（実働時間）×稼働率
×作業者数

なお、稼働率とは、「就業時間に対する人の、又は利用可能時間に対する機械の、有効稼働時間の比率」（JIS Z 8141：2022-1237）と定義される。たとえば、1ヵ月の稼働日数を20日間、1日の稼働時間が8時間、稼働率0.85、作業者数を4人とすれば、1ヵ月の作業者の生産能力は次のように求められる。

作業者の生産能力＝160時間／月×0.85×4人／月＝544人・時

一方、同様に機械の生産能力についても次式により求められる。

機械の生産能力＝特定期間の運転時間（実働時間）×稼働率
×機械台数

この式で示したように、機械の種類別に生産能力を算出することになる。なお、機械の稼働率を、（1－故障率）と考えることもある。

（4）負荷工数と生産能力の比較（工数山積み表の作成）

一定期間における工数計画によって求めた工程別・職場別の負荷工数と生産能力を比較することによって、生産能力の過不足の状態を把握することができる。過不足の状態を簡単に把握する一例として、工数山積み表がある（→図表3-2-3）。このように負荷工数と生産能力を算出して、これらを比較対照しながら適正な作業手配を考えていく。

生産能力が不足していることを工数不足といい、その反対に負荷に対して生産能力に余裕がある場合を余力という。余力は、生産能力から負荷工数を差し引くことで次式により求められる。

余力＝生産能力－負荷工数

図表3-2-3 ● 負荷工数と生産能力を比較する機械別の工数山積み表の例

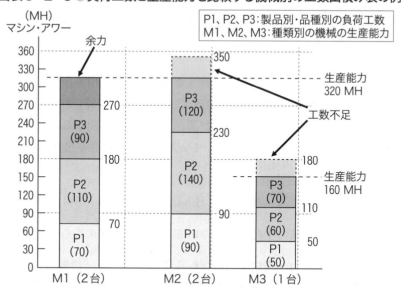

（5）負荷工数と生産能力との調整と対策

　日程計画どおりに納期が守れ、かつ作業者や機械にムダな余力が出ないように、負荷工数と生産能力をバランスよくさせるために、日程計画における納期遵守できる範囲で負荷や能力を調整する。先の工数山積み表を利用して、負荷工数と生産能力を調整することを、山崩しということがある。

　このように調整した結果、両者のバランスがとれていれば問題はない。しかし実際には、生産能力が不足する場合〔負荷工数＞生産能力〕、あるいは負荷工数が不足して余力が発生する場合〔負荷工数＜生産能力〕があり、それぞれに適切な対策が必要になる。

Ⅰ　〔負荷工数＞生産能力〕の対策

　生産能力を増やす対策として次のことが考えられる。

　①　就業時間の延長──残業や休日出勤、あるいは生産シフト数を増やす

② 作業者の増員——他職場からの応援、臨時作業者の増員、作業者の新規採用

③ 機械・設備の増強

④ 外注工場への作業依頼

負荷を減らす対策として次のことが考えられる。

① 製造オーダの投入日時の後倒し

② 他生産部署への仕事の振り替え

③ 単位当たりの標準作業時間の短縮——作業方法の改善、稼働率の向上

Ⅱ 〔負荷工数＜生産能力〕の対策

負荷を増やす対策として次のことが考えられる。

① 製造オーダの投入日時の前倒し

② 他部署の仕事の取り込み

③ 外注依頼の作業の内製への切り替え

④ 販売部門への販売促進の要求

生産能力を減らす対策として次のことが考えられる。

① 他職場への応援

② 就業時間の短縮

③ 人員や機械・設備の削減

3　スケジューリングの基礎

（1）スケジューリングの目的

スケジュールとは、「仕事の構成要素の順序付けと、それに対応する期間との関係を示す計画」（JIS Z 8141：2022-1236）と定義される。ここでは仕事をジョブ、その構成要素を作業とそれぞれ呼ぶことにする。

スケジューリングの目的について述べる。多くの場合、作業を行ううえで必要とされる機械・設備の台数や作業者の人数は限られており、ジョブ間もしくは作業間に先行順位の制約が存在する。よって、実行可能

101

なスケジュールとは、機械・設備や作業者に競合が生じないようにしつ
つ、ジョブや作業間に存在する先行順序制約を満足するような各作業の
開始時刻と終了時刻ならびにその作業を行う機械や作業者などを定めた
ものといえる。

　求めるスケジュールの評価基準にはさまざまなものがあるが、大別す
ればジョブの完了時刻に関するもの（平均滞留時間、最大完了時刻など）、
納期に関するもの（平均納期ずれ、納期遅れジョブ数など）、そして在庫
費用や機械・設備利用費用に関するもの（平均処理待ちジョブ数など）
がある。与えられた制約を満足させるという条件のもとで何らかの評価
基準を最適化する問題はスケジューリング問題と呼ばれる。スケジュー
リング問題は、本質的に複雑な要因を組み合わせた最適化問題になるこ
とから、いくつかの特別な場合を除けば、最適なスケジュールを効率よ
く求めることは困難である。なお、スケジューリング問題の対象となる
代表的な生産システムとして、すべてのジョブについて実行されるべき
作業が類似のもので、その作業順序に従って機械が配置されているフロ
ーショップと、ジョブについて実行されるべき作業内容や工程順序が異
なるジョブショップがある。

　伝統的な生産管理によれば、生産計画の中で日程計画は、計画対象の
範囲や計画の単位の違いにより、大日程計画、中日程計画、小日程計画
に区分されることを先に示した。その中で納期管理や稼働管理の鍵とな
るのは中日程計画であるが、それぞれの製造職場においてジョブを実行
するために、必要な個々の作業への具体的な生産指示を与えるために用
いるには情報の精度が粗すぎる。また、生産計画立案後における計画変
更や、製造現場における実際の作業の進捗状況を反映したものでないた
め、日程計画の確度も低いものとなる。したがって、実際に職場内の各
工程を実働させるために、目先１〜３日分程度の時間的な作業予定を詳
細に立案する小日程計画が必要となる。小日程計画は、日々あるいは週
間の作業計画を与えるものであるが、製造現場では計画どおりに作業が
実施されることはまれであり、オーダ（注文）の進捗状況や段取替え作業

の状況を考慮したうえで、それぞれの作業者が行うべき作業や使用する機械などが決定される必要がある。すなわち、小日程計画を実行に移すために、先に述べた生産統制におけるディスパッチング（Dispatching＝差立）が必要になる。

つまり、生産計画が確定すると、設備・作業者・原材料についての手配を行い（材料計画）、次に小日程計画で、作業の開始そして完了の日時が明らかになる。そして、差立として、現場において実際の生産活動の状況を見ながら、各工程あるいは作業者に作業の準備や開始・終了の日時を指示することになる。この差立による決定は、時々刻々と変化する職場の状況を反映して行われることから、生産統制の活動とみなされる。

すなわち、生産スケジューリングは、通常、生産管理システムを構成する生産計画段階（Planning Phase）の最下層に位置づけられるが、それとともに生産統制段階（Control Phase）の重要な部分を占めていることになる。

（2）小日程計画（狭義のスケジューリング）

小日程計画は、作業者（作業グループ）別あるいは機械別に、製品別あるいはロット別の作業割当を決めるスケジュールである。小日程計画に関しては、前述したように計画期間は1〜10日程度で、おおむね向こう3日または4日ぐらい先までを確定的な日程としている。また、小日程計画の単位は、0.5時間〜1時間である。小日程計画の立案は各職場の生産管理スタッフが行うが、特定の作業者や機械に個別割当をするので現場の進捗状況を知っている職長に最終的な調整と決定は任されている。

小日程計画を立案する際に、発注した資材の納入状況、設計・生産条件の変更（設計、納期、加工・組立経路の変更）、飛び込み注文の発生、不適合品の発生や工程のトラブルによる納期遅延、他工程の進捗状況など、生産現場における生産活動に影響を及ぼす内乱・外乱を考慮しなければならない。

小日程計画を作成する際に留意すべきことは、第1に、各工程におけ

る品物の停滞時間を最小化し、製造期間を短縮するために、生産の同期化を図ることが大切である。同期化とは、「生産において分業化した各工程（作業）の生産速度（作業時間、移動時間など）、稼働時間（生産開始・終了時刻など）、それに対する材料の供給時刻などを全て一致させ、仕掛品の滞留、工程の遊休などが生じないようにする行為」（JIS Z 8141：2022-1212）と定義される。第2は、生産能力や負荷の変動の最小化により、生産の平準化を目指すことである。平準化とは、「作業負荷を平均化させ、かつ、前工程から引き取る部品の種類と量とが平均化されるように生産する行為」（JIS Z 8141：2022-1213）と定義される。

　前述したように小日程計画を実行に移すためにはディスパッチング（差立）が必要である。差立では、次のようなディスパッチングルール（差立規則）を用いて、作業待ちの仕事に優先度を設定し、優先度の高いものから作業を始めるという手続でジョブ進行のシミュレーションを実行してみて、その中でよい結果のルールを採択し、それぞれの機械・設備での作業時間を設定する。

① 加工時間に着目して総滞留時間の最小化をねらった規則
　ア　SPT（Shortest Processing Time）——加工時間最小ジョブ優先規則
　イ　LPT（Longest Processing Time）——加工時間最大ジョブ優先規則
　ウ　LWKR（Least Work Remaining）——残り加工時間最小ジョブ優先規則
　エ　MWKR（Most Work Remaining）——残り加工時間最大ジョブ優先規則
② 納期に着目して納期遅れの最小化をねらった規則
　ア　D. Date（Due Date）——納期の切迫したジョブ優先規則
　イ　SLACK——納期余裕時間最小ジョブ優先規則
③ その他
　・FCFS（First Come First Served）——先着ジョブ優先規則

（3）フォワードスケジューリングとバックワードスケジューリング

図表３‐２‐４に、ある製品の部品構成表（BOM）の例を示した。部品構成表（Bill of Material）とは、「製品又は親部品を生産するのに必要な子部品の、種類及び数量を示したもの。注釈１　部品の親子関係の連鎖からこれを木構造で表現したストラクチャ型（structure type）と表形式で示したサマリー型（summary type）とがある。注釈２　部品展開を行うときの基礎資料となる」（JIS Z 8141：2022-3307）と定義される。図表３‐２‐４はストラクチャ型の部品構成表であり、第５期末が納期となる製品Xの組立、およびその子部品の組立・加工、さらに外注部品の調達を、階層的な関係構造で示している。さらにそれぞれの組

図表３‐２‐４ ● ある製品の部品構成表（BOM）の例

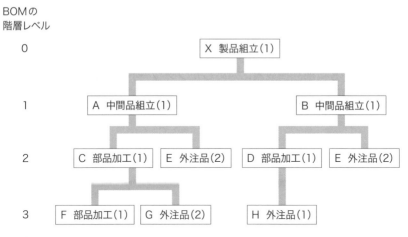

BOMの
階層レベル

0　X 製品組立(1)

1　A 中間品組立(1)　　B 中間品組立(1)

2　C 部品加工(1)　E 外注品(2)　D 部品加工(1)　E 外注品(2)

3　F 部品加工(1)　G 外注品(2)　　H 外注品(1)

注：（　）はリードタイム。期

立・加工・調達にかかるそれぞれのリードタイム（期間）を表している。この製品Xの納期に間に合うよう日程計画に、日程式ガントチャートを利用してみよう。

この日程展開計算には、以下のように2通りの方式がある。

1）フォワードスケジューリング

フォワードスケジューリング（順行法）とは、「着手予定日（又は着手可能日）を基準として、工程順序に沿って予定を決定する方法」（JIS Z 8141：2022-3312）と定義される。→図表3-2-5

2）バックワードスケジューリング

バックワードスケジューリング（逆行法）とは、「完成予定日（又は納期）を基準として、工程順序とは逆方向に予定を決定する方法」（JIS Z 8141：2022-3313）と定義される。→図表3-2-6

すなわち、この例では最終的な製品組立Xの納期を基点として、それぞれに必要なリードタイム分だけさかのぼって、生産指示ないしは購買指

図表3-2-5 ●部品構成表に対応したフォワードスケジューリング

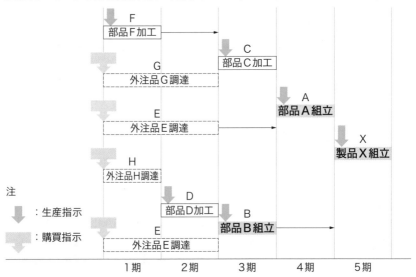

図表3-2-6 ● 部品構成表に対応したバックワードスケジューリング

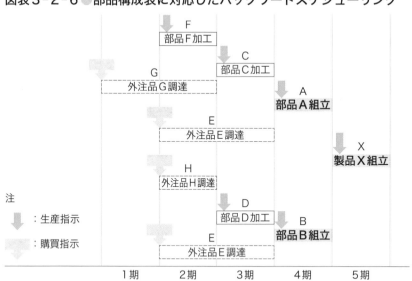

注

⬇ ：生産指示

⬛ ：購買指示

示をすべきで、これよりも指示が遅れると納期遅れを生じることになる。

（4）スケジューリングの基本的なツール

　スケジューリングの立案手順として次のような段階がある。

　①　基準日程の設定

　②　現状の負荷工数の把握

　③　作業の開始と完了時期の決定

　以下に、基準日程に基づくガントチャートを用いたスケジューリングについて述べる。

Ⅰ　基準日程の設定

　先に述べた工数計画によって計画期間の仕事量を決め、日程計画によって各工程での仕事の着手日と完了日を決めることから、スケジューリングの手順で示した現状の負荷工数の把握をする工数計画と、日程計画は並行して進められることになる。工数計画では負荷と能力の調整に重

点を置き、日程計画では基準日程の設定を重視して、合理的な生産予定を決めなければならない。

　基準日程は、ある製品または部品を製作するために、各工程に必要な加工時間にその前後の余裕時間（停滞・運搬・移動など）を加えて、それらの対象とした工程を通過するためにかかる平均的な日数のことである。すなわち、基準日程は、その対象工程の平均的な仕掛期間を日数に換算したものである。図表3-2-7に基準日程の構成時間を示し、図表3-2-8に、その基準日程と手配番数の関係を表す。なお、手配番数とは、「完成予定日を基準として、工程の所要期間を逆算した目盛の数。注釈1　手番ともいい、着手日、完成日を表すときに用いる」（JIS Z 8141：2022-4105）と定義される。

　図表3-2-8の中で手配番数は、基準日程の最終完了日をゼロとし、各工程に必要な日数を逆算的に足し合わせた期間で示されている。つまり、手配番数によって、最終完了日の残余日数を表すとともに、各工程は最終完了日の少なくとも何日前に着手し、何日前に完了しなければいけないかを計画することができる。

Ⅱ　ガントチャートを用いたスケジューリング

　ガントチャートは、日程計画や日程管理などのために用いられる図表の1つであり、ガント（H. L. Gant）の考案したものである。表示形式にはさまざまなタイプがあるが、よく用いられるものは、横軸を時間軸と

図表3-2-7 ● 基準日程を構成する加工・検査・運搬・停滞時間

基準日程	加工時間	段取時間＋単位作業時間×数量
	検査時間	長時間の検査時間。短時間なら加工時間へ含める
	運搬時間	長時間の運搬時間。短時間なら加工時間へ含める
	停滞時間	工程待ちとロット待ちがある 　工程待ち：次の工程などを待つ状態 　ロット待ち：ロット完成までの待ち

出所：澤田善次郎『工程管理』日刊工業新聞社、p. 119、1995年

図表３-２-８●日程計画における基準日程と手配番数の関係

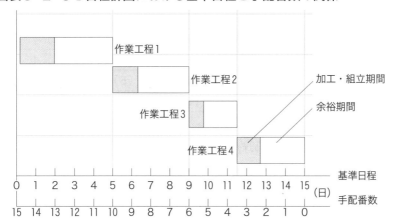

し、縦軸に機械、作業者、工程、仕事などを割り当て、各作業の開始から終了までを長方形の横棒で示した図である。

　ガントチャートを用いたスケジューリングの手法には、負荷式ガントチャートと日程式ガントチャートという主に２つの方法がある。前者の負荷式ガントチャートでは、機械別や作業者別にそれぞれの仕事を担当する機械または作業者を決定したうえで、おのおのの機械または作業者へ、それぞれの仕事の作業着手の優先順位を決定し、その作業開始時刻と作業終了時刻を計算する作業順序付け方式である。

　一方、後者の日程式ガントチャートは、オーダの納入から作業完了までの製造活動の流れに従って、各工程または作業ステーションを経過するのに必要な先に述べた基準日程を用いて、各工程での着手と完了の予定時期を設定する方式である。

１）負荷式ガントチャート

　図表３-２-９の中で、いま４つの原材料m_1、m_2、m_3、m_4が３台の機械Ｍ１とＭ２およびＭ３によって加工される場合を考えてみる。それぞれの原材料が必要とする加工順序とその加工に要する時間が表に与えられているとする。

図表3-2-9 ● 各原材料の加工順序と機械別の加工時間

材料種別	各原材料の加工順序と加工時間（時間）
m_1	M1（2）→ M2（3）→ M3（2）
m_2	M1（3）→ M2（4）→ M3（5）
m_3	M1（5）→ M2（5）
m_4	M2（2）→ M3（3）

　各原材料の加工順序の制約と、それぞれの機械で要する加工時間を満足する実行可能なスケジュールは複数存在するが、その中の1つのスケジュールに対し、縦軸を各機械としたときの負荷式ガントチャートを図表3-2-10に表している。この機械別の負荷式ガントチャートでは、各機械がいつからいつまでどの原材料を加工するのかという時間帯を長方形で表し、その原材料名を長方形の中に記入している。この図表により、各機械の行う仕事の内容が時間の経過とともにどのように変化していくかすぐに読み取れ、各機械に対する負荷なども把握できる。

図表3-2-10 ● 各原材料の加工順序と加工時間に対応した 機械別の負荷式ガントチャート

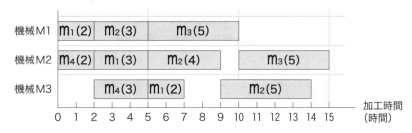

2）日程式ガントチャート

　図表3-2-11は、日々の作業予定と実績とを対照させ、スケジュールの進遅をコントロールしている日程式ガントチャートの例である。所定の期間内に、生産計画した製品の納期と生産数量について製造すべき予

図表３-２-11 ●日程式ガントチャート

```
凡例
 Γ      ：右向きの角印は、作業を開始すべき予定日時
      ┐ ：左向きの角印は、作業を完了すべき予定日時
 Γ────┐：2つの角印を結んでいる細い線は、作業を完了するための予定製造期間
    ✓   ：進度をチェックする日時
 Γ──╳──┐：作業遅延を挽回するために対策を予定する期間を示す
```

	1期	2期	3期	4期
	✓	✓	✓	✓
製品A	▬▬			
製品B		▬		
製品C			▬▬╳	
製品D				▬

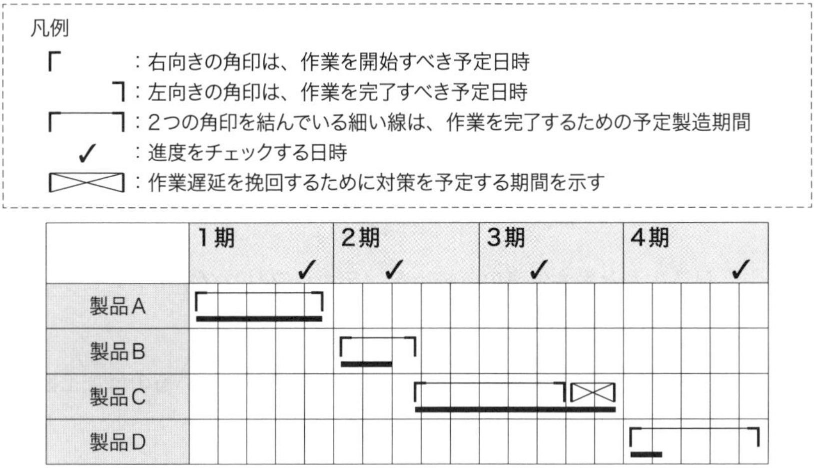

出所：甲斐章人『生産管理の仕事がわかる本』日本実業出版社、1987年

定作業を抽出する。そこで、個々の予定作業について、その作業開始日と、製造に必要な所要期間を基準日程または標準時間から見積もり、作業を完了すべき日時を決定する。それらの作業予定を、ガントチャート上に表示する。

　その後、進捗管理により作業の実績を把握し、図表において黒線で示したように日々の実績を記録し、予定作業のスケジュールと比較することにより、実際の作業の進み遅れの程度を判断し、必要に応じて適切な対策をとる。作業の実績を累積して表示していき、日々の計画と実績を比較するだけでなく、一定期間における作業の進捗管理さらには余力管理のツールとして、日程式ガントチャートを有効に活用していくことができる。

第3章 理解度チェック

次の設問に、○×で解答しなさい（解答・解説は後段参照）。

1 | 生産統制の管理業務は、製作手配、作業手配、作業統制、事後処理の4段階に分けられる。

2 | 見込生産と受注生産の分岐点を、デカップリングポイントと呼ぶ。

3 | 全製造期間に占める割合が最も大きいといわれているのは加工期間である。

4 | スケジューリングにおける基準日程とは、ある製品または部品を製作するための対象工程を通過するのにかかる平均的な日数のことである。

解答・解説

1 | ○

2 | ○

3 | ×
製造期間である加工・組立・検査・運搬・停滞の期間のうち、全製造期間に占める停滞期間は6割から8割といわれる。

4 | ○

参考文献

圓川隆夫・黒田充・福田好朗編『生産管理の事典』朝倉書店、1999年

甲斐章人『生産管理の仕事がわかる本』日本実業出版社、1987年

サイバーコンカレントマネジメント研究部会『サイバーマニュファクチャリング－eラーニングで学ぶモノづくり－』青山学院大学総合研究所 AML2プロジェクト、2004年

澤田善次郎『工程管理』日刊工業新聞社、1995年

玉木欽也『戦略的生産システム』白桃書房、1996年

日本経営工学会編『生産管理用語辞典』日本規格協会、2002年

日本生産管理学会編『生産管理ハンドブック』日刊工業新聞社、1999年

藤本隆宏『生産マネジメント入門〈Ⅰ〉生産システム編』日本経済新聞出版、2001年

菅間正二『生産管理の仕事がわかる本』同文館出版、2009年

松井正之『生産企業のマネジメント』共立出版、2005年

第 4 章

資材・在庫管理と 生産システム

この章のねらい

　第4章では、生産計画に基づいた生産活動を行ううえで、重要な役割をもつ資材の管理、生産システムを管理する技術の1つであるインダストリアルエンジニアリング（IE = Industrial Engineering）、生産の流れを作るための在庫管理や工程編成について学ぶ。

　第1節では、生産計画を確実に実行するための資材・在庫のあり方について、部品所要量の考え方と、適切な在庫量を確保するための種々の在庫管理方式について学ぶ。

　第2節では、生産システムの設計、運用、改善を行う手法であるIEの考え方と、分析手法について学ぶ。現場の問題を解決するためには変化する問題に応じた分析手法を適用する必要があり、ここでは、IEの代表的な分析手法について学ぶ。

　第3節では、生産システムを構築するときに必要な工程編成の考え方と工程編成を行うための手法について学ぶ。

第 1 節 資材・在庫管理

学習のポイント

◆部品展開の意義と手順を知ることが、資材計画の第一歩であ
ることを理解する。
◆部品構成表の種類と特徴、所要量の算出方法を知ることが資
材計画の前提となる。
◆定期および定量発注方式の意味と基準値の求め方、適用対象
を知ることが、在庫管理方式の基礎となる。

1 部品展開と部品所要量計算

(1) 部品展開と部品所要量計算の意義

生産を行うために必要な原材料を資材といい、生産計画により生産に
必要な資材の品目、その量(以下、所要量と呼ぶ)、品質、必要時期などを
決めるのが資材計画(材料計画)である。ある一定の計画期間内に生産す
べき最終製品の種類と数量が決定すれば、そのために必要な構成部品や資
材の種類および数量を計算することになるが、これが部品展開 Key Word
(部品所要量計算)である。

したがって、効果的な資材管理を実施するための第一歩は、この資材
計画を確実に立てることである。この資材計画に不備があったり、また
計画後に大幅な変更をすることになると、品質の低下、原価高、仕掛品
や在庫あるいは死蔵品の増加、納期遅延、資金繰りの悪化、在庫回転率
Key Word の低下、保管スペースの不足など、計り知れない損失を被るこ
とになる。

　なお、資材を加工度から区分すれば、大きく素材と部品とに分けられる。素材（Raw Material）とは、板材や棒材のような製品設計仕様の中で、指定材質を備えた最も加工度の低い原材料の資材をいい、部品（Parts）は、組立製品を構成する加工処理をした資材をいう。

（2）部品展開と部品所要量計算の基本手順

　この資材計画は、生産計画や購買計画、在庫計画や外注計画などの基礎となるもので、機械工業の場合には、部品計画と素材計画の2段階で進められる。→図表4-1-1

Ⅰ　部品計画

　部品計画は、必要な部品の種類と所要量、所要時期を決めるものである。

1）部品構成表の作成

　製品1単位当たりの部品名と数量を表形式で示したサマリー型部品表か、親部品と子部品の関係を部品の加工や製品の組立順序を木構造で表示したストラクチャ型部品表を作成する。

2）部品の区分

　部品構成表から、専門部品か共通部品あるいは標準部品（常備品）か

Key Word

部品展開——「計画期間内に生産しなければならない最終製品の種類及び数量が決まったとき、BOMを基に、それらの製品を作るために必要な構成部品又は材料の種類とその数量とを求める行為。注釈1　部品所要量計算ともいう」（JIS Z 8141：2022-3306）と定義される。ここで、後述するBOM（Bill of Material）あるいは部品構成表とは、「製品又は親部品を生産するのに必要な子部品の、種類及び数量を示したもの」（JIS Z 8141：2022-3307）と定義される。

在庫回転率——一定期間における在庫の回転回数をいい、

$$在庫回転率＝\frac{一定期間の所要量}{平均在庫量}$$　で算出する。

在庫回転日数の逆数であり、これが高いほど運転資本の回収が早くなることから経営上望ましい（JIS Z 8141：2022-7303より）。

図表4-1-1 ● 資材計画の実施手順

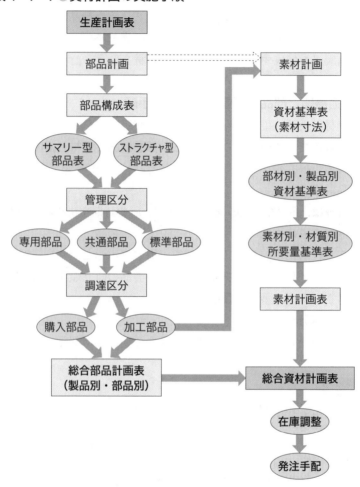

に区分し、さらに調達区分として加工部品か購入部品かに区分する。

3）部品別の総所要量の算出

　構成部品ごとに生産計画数を乗じ、これに部品別の補用率（サービス部品の必要割合）や不適合品率を見込んで割り増し、次に、製品別・部品別の総所要量を算出することになる。

　常備品で在庫や注文残がある場合は、在庫調整を行って所要量を算定し、継続的な生産品の場合には経済的な発注量を考慮して発注数が決められる。

Ⅱ　素材計画

　棒材や板材・鋳鍛造品のような加工素材については、設計図や現品見本から最も経済的な材料取りになるように素材寸法を決める。この場合、素材や加工法によって取り代、つかみ代、突切り代が異なってくるので、注意が必要である。次に、これを基準にして、部品別の資材基準表と製品別の資材基準表を作成する。さらに再編成して同種の材質・寸法を集計し、素材別・材質別の所要量基準表を作成する。これらの、製品別資材基準表に、製品別の生産数を乗じて総所要量を算定して、総合資材計画表を作成することになる。これを調達部門が在庫調整後に発注手配を行う。

（3）部品展開と部品所要量計算に必要な情報

Ⅰ　生産計画情報

　月別または週別における製品別の生産計画、特に資材所要量計画（Material Requirements Planning：MRP）システムで処理する場合は週間単位の計画となることが多いので、何を、いくつ、いつ作るかを記述した基準生産計画（Master Production Schedule：MPS）の情報を必要とする。

Ⅱ　部品構成表（Bill of Material：BOM）　→第3章第2節**3**（3）

　部品構成表の様式としては、製品1単位当たりの最終部品名とその必要所要量を表形式で表示したサマリー型（一段階式）部品表（→図表4-1-2）と、製品の組立段階や部品の加工手順を考えて、製品と部品の構成関係を段階的に木構造で表示したストラクチャ型（多段階式）部品表（→図表4-1-3）とがある。

　前者のサマリー型部品表は、部品構成が簡単で、そのうえ部品点数が少なく、あるいは構成部品が外注品と購入品のみであるような場合に適

図表4-1-2●サマリー型部品表（例）

（1）部品構成表

製品名	構成部品							
A	a	b	c	d	e	f	g	h
	2	11	7	21	6	4	11	40

（2）表現様式

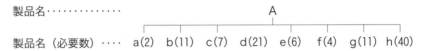

製品名・・・・・・・・・・・・・・
A
製品名（必要数）・・・・
a(2)
b(11)
c(7)
d(21)
e(6)
f(4)
g(11)
h(40)

図表4-1-3●ストラクチャ型部品表（例）

（1）部品構成表

親部品		A	a	c	f	g
子部品	数量	a(2)	c(2)	d(1)	b(2)	d(1)
		b(3)	e(3)	g(2)	h(3)	h(2)
		c(3)	f(2)			

（2）構成図

レベル
製品名……
A
0
部品名……
（必要数）
a(2)
b(3)
c(3)
1
c(2)
e(3)
f(2)
d(1)
g(2)
2
d(1)
g(2)
b(2)
h(3)
d(1)
h(2)
3
d(1)
h(2)
4

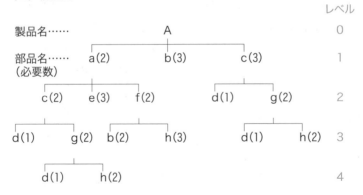

用される。この様式によれば、部品の所要量を算出する計算は簡単であるが、部品が単品であるか、組立品であるかという区分がされていないという欠点がある。

　後者のストラクチャ型部品表は、部品構成が複雑で、共通部品や部品点数の多い大物製品のような場合に適用される。この場合の所要量計算は、加工手順や部品の購入順序ごとに算出することになるので、計算が相当に複雑となり、また手間がかかるので、コンピュータを利用するのが一般的である。

　部品構成表の基本的な機能としては、以下のことが挙げられる。

① 　必要とする資材とその数量を算出する基準資料となること
② 　資材の納期を決定できる基礎資料となること
③ 　在庫資材の適正在庫量の維持と出庫数量を保証すること
④ 　出庫資材の数量と出庫日が指示できる基礎資料となること

　また各品目は、部品構成表の中でレベルコードをもち、最終製品はレベル0の品目と呼ばれる。一番値の大きいレベルコードをローレベルコードと呼ぶ。→図表4-1-3

Ⅲ　在庫情報

　手持在庫量（実在庫量）に加えて、発注残（発注済みであるがまだ手元にない在庫量）と在庫引当量（近日中に出庫が予定されている量）を考慮した実質的に利用可能な在庫量、すなわち正確な有効在庫量の情報を必要とする。

$$有効在庫量＝手持在庫量－在庫引当量＋発注残$$

　ほかに、常備品に対しての在庫方針や販売市場動向、調達市場状況、調達期間や出庫量の変動状況などの情報も必要とする。

Ⅳ　経済ロット情報

　経済的発注量ともいい、常備品を発注したり、加工する場合にロットサイズを決めるときに必要とする情報である。

Ⅴ　調達期間情報

　部品別あるいは素材別の調達期間（リードタイム）と社内加工の場合の基準日程に関した情報を必要とする。

Ⅵ　部品の管理区分情報

部品別の管理区分（専用部品、共通部品、標準部品）、調達区分（購入部品、外注加工部品、社内加工部品）、常備品であるか引当品かの区分などに関した情報を必要とする。

（4）部品所要量の計算方法

ここで前掲の図表4-1-3を用いてストラクチャ型部品表による部品展開をもとに、部品所要量計算について説明する。なお、生産計画でA製品が当初10個要求されているものとし、この場合における各部品の正味所要量の算出過程を図表4-1-5に示す。ただし、計算のために必要な期首手持在庫量を図表4-1-4に示す。

図表4-1-4●在庫表

部品名	A	a	b	c	d	e	f	g	h
在庫量	7	2	5	10	8	15	4	4	10

図表4-1-5●部品展開計算シート

部品名	レベル指定	レベル計算	所要量	期首手持在庫量	正味所要量	期末手持在庫量	部品	数量	部品	数量	部品	数量
A	0	0	10	7			a	2	b	3	c	3
a	1			2			c	2	e	3	f	2
b	3			5								

Ⅰ　計算シート（→図表4-1-5）への基本事項の記入

① A製品の必要な量を10としたとき、表の所要量の欄に10を記入する

② 指定レベル欄にAは0、各部品は部品構成表（→図表4-1-3）において最も低い（数字が大きい）レベルを記入する（Aの計算レベルの欄にも0を記入する）

③　手持在庫量の欄に製品および各部品の期首手持在庫量を在庫表（→図表4-1-4）から記入する

④　部品構成表の欄に製品・親部品の子部品名、数量を部品構成表（→図表4-1-3）から記入する

Ⅱ　レベル1の正味所要量の算出　→図表4-1-6

①　製品Aの正味所要量の欄に〔所要量（10）－期首手持在庫量（7）〕より3を記入し、期末手持在庫量（0）を記入する

②　部品a、b、cの所要量の欄にAの構成部品の各数量に3を乗じ、記入する

③　計算レベルa、b、cの欄に1を記入する。aは指定レベルと計算レベルの数値が一致するので所要量が確定する

Ⅲ　レベル2の正味所要量の算出

①　部品aの所要量と期首手持在庫量から〔所要量（6）－期首手持在庫量（2）〕より正味所要量（4）を記入し、期末手持在庫量（0）を記入する

②　部品c、e、fの所要量の欄にaの構成部品の各数量に4を乗じ、

図表4-1-6 ● 部品展開の計算例

部品名	レベル 指定	レベル 計算	所要量	期首手持在庫量	正味所要量	期末手持在庫量	部品構成表 部品	数量	部品	数量	部品	数量
A	0	0	10	7	3	0	a	2	b	3	c	3
a	1	1	6	2	4	0	c	2	e	3	f	2
b	3	1⇒3	9、8	5	12	0						
c	2	1⇒2	9、8	10	7	0	d	1	g	2		
d	4	2⇒4	7、10	8	9	0						
e	2	2	12	15	0	3						
f	2	2	8	4	4	0	b	2	h	3		
g	3	3	14	4	10	0	d	1	h	2		
h	4	3⇒4	12、20	10	22	0						

記入する

③ 計算レベルｃ、ｅ、ｆの欄に２を記入し、計算レベルを更新する。

ｃ、ｅ、ｆは指定・計算レベルが一致するので所要量が確定する

Ⅳ レベル３、４の正味所要量の算出

前記の手順を繰り返し、各部品の正味所要量を算出する。

指定レベルと計算レベルが一致していない部品については順次、計算レベルを更新しながら所要量を追加していく。図表４-１-６では計算レベルに「⇒」がある部品がそれに対応している。なお、期末手持在庫量が次期の期首手持在庫量となる。

2 在庫管理方式の基礎

（１）在庫管理の重要性と常備品の条件

生産工場で使用される資材（素材や部品）の在庫量を適正に維持し、納期遅延や品切れ・不足を防止することにより生産性と収益性を高めるために在庫管理を必要とする。すなわち、在庫管理の基本的な目的は、資材の在庫費用や取り扱い労力を節減して、コストを引き下げ、在庫回転率を向上させて運転資金を節減する。そして、在庫切れを防止して現場に対するサービスの向上を図るという、これら３項目（①原価の引き下げ、②運転資金の節減、③サービスの向上）に関して同時にバランスをとって管理することにある。

一般的には、次のような資材は常備品に適しており在庫される。

① 長期間に多量に使用される資材

② 共通に使用される標準資材

③ 処分損失の少ない資材

④ 規格・仕様が明確な資材

⑤ 使用頻度の多い資材

⑥ 重要部品で欠品できない資材

（2）在庫管理（発注）方式

　常備品であっても、資材の単価の違い、使用量と頻度、調達期間の長短、保管スペースや資材の特性などの違いがあるので、おのおのに最も適した在庫管理方式を適用しなければならない。

　常備品に対する発注方式は、1回の発注量の決め方と発注する時期の違いから定期発注方式と定量発注方式に大別される。この両方式とも前提条件として、在庫切れを防止するために安全在庫量（最小在庫量あるいは予備ストック量ともいう）を常備することになっている。

Ⅰ　定期発注方式

1）定期発注方式の意味と特色

　定期発注方式は、差額調整方式ともいわれ、主として主力製品で金額（単価または総額）の高い重要品目や需要変動の大きいような品目に対しては、多少の手間をかけても厳密な管理をすることにより、在庫量を減らしたうえで在庫切れ防止を図りたい場合に適用される方式である。この方式は、定期的に決められた生産計画ごとに、必要量を計算し、在庫量や注文残を調整したうえで発注量を決めて発注する方式である。したがって、発注時期は常に一定にするが、発注量は毎回変わること（発注量が不定）となり、発注の周期も一定であるので、毎回の発注量は在庫量の差額によって調整する。調達期間中の納期や出庫量の変動、納入数量の変動、在庫調整期間の出庫量の変動などに対応して、在庫切れを防止するために安全在庫量（予備ストック）をもつこと、在庫調整期間が長いことなどがこの方式の特色である。

　定期発注方式は、品目は少ないが、金額的に大きい重要品目に適用する。また、過剰在庫となるのを防止して、需要変動に追従できるという長所がある反面、管理の手間がかかるという欠点や、在庫調整期間が長いため、安全在庫量が多くなるという欠点もある。定期発注方式において、平均在庫量を減少させるためには、調達期間と発注サイクル期間（注文周期）を短縮する必要がある。

2）発注量の求め方

定期発注方式における毎回の発注量は、次式により求められる。

発注量＝在庫調整期間における予定需要量＋安全在庫量
－現在の在庫量－現在の注文残

ここで在庫調整期間とは、図表4-1-7のように、調達期間（リードタイムのことで、発注してから納入されるまでの期間）と発注サイクル期間（発注間隔をいい、発注日から次の発注日までの期間）を加えた期間のことをいう。

図表4-1-7 ● 定期発注方式における在庫調整期間

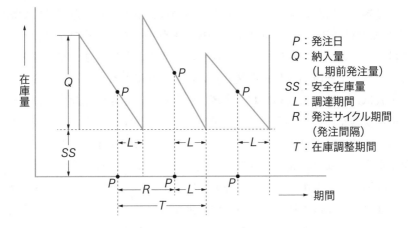

3）安全在庫量の求め方
定期発注方式における安全在庫量 (SS) は、次式により求められる。

$$SS = a \times \sigma \times \sqrt{L + R}$$

ここで、a（アルファ）は安全係数、σ（シグマ）は需要量の標準偏差、Lは調達期間で、Rは発注サイクル期間である。

Ⅱ　定量発注方式

1）定量発注方式の意味と特色

定量発注方式は、発注点方式ともいわれ、購買経費や管理の手間を省いてコストを引き下げると同時に、在庫切れ防止を図ることをねらいとした方式である。

主に多種類の小物品で、用途に共通性があり、そのうえ金額（単価または総額）の低い資材を対象とし、連続的に現場に供給する在庫管理システムである。この方式は、図表４-１-８のように在庫量が消費（出庫）されて発注点に達したときに、最も経済的な発注量を発注して、常に在庫量が最適な状態になるように統制する方法である。したがって、この方式の特色としては、

①　１回の発注量は、発注費用と在庫維持費用の両者の総費用が最小になるような最適量として算出されること（常に一定量の発注）

②　発注時期は、在庫量が発注点に到達したときであるため不定期であること

③　調達期間の変動（納期遅れと入庫のバラツキ）や調達期間中の出庫量の変動（過剰出庫と出庫のバラツキ）に対応するために、安全在庫量をもたせること

の３点を挙げることができる。

図表４-１-８ ●定量発注方式における基準値の意味

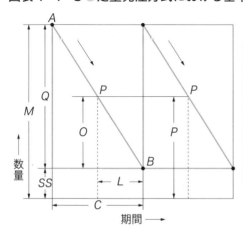

M	：最大在庫量
SS	：安全在庫量
Q	：発注量
P	：発注点（O+SS）
L	：調達期間
O	：期間*L*における平均消費量
C	：*Q*に対する消費期間
AB	：期間基準消費線

定量発注方式における基準値の意味は、図表4-1-8のとおりである。

2）在庫量設定のための一般式

① 発注点＝調達期間中の最大使用量（単位期間の最大使用量×調達期間）＝調達期間中の平均使用量＋安全在庫量

② 最小在庫量（安全在庫量）＝発注点－調達期間中の平均使用量

③ 最大在庫量＝（発注点－調達期間中の平均使用量）＋発注量

④ 平均在庫量＝$\dfrac{発注量}{2}$＋安全在庫量

⑤ 異常最大在庫量＝（発注点－異常に少ない使用量）＋発注量

※納入期間中、異常に少ない出庫が行われると仮定して、保管スペースを確保する場合の算出式

3）経済的発注量の求め方

年間で必要となる資材、部品または製品の総所要量が与えられた場合、1回当たりの発注量を増やすことにより、発注回数が減るため発注費用は減少するが、発注量が増加すれば納入後に保管する在庫量が増加し、在庫を維持するための費用が増えることとなる。したがって、発注量に関して、発注費用と在庫維持費用はトレードオフの関係となっており、

図表4-1-9 ● 経済的発注量の意味

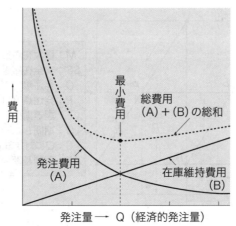

これらの関係性について図表4-1-9に示す。

　いま発注量に関係なく購入単価を一定と仮定すれば、年間購入費は発注量に依存せず一定となるため、総費用を最小化するには、図表4-1-9に示される発注費用と在庫維持費用が等しくなるような発注量Qが経済的であると考えられ、これを経済的発注量という。すなわち、経済的発注量（Economic Order Quantity：EOQ）とは、「定量発注方式において、一定期間の在庫関連費用を最小にする1回当たりの発注量」（JIS Z 8141：2022-7313）と定義される。年間の総費用が最小になるような発注量である。

　ここでいう発注費用は、発注に関連して発生する費用をいい、その内容としては、人件費（担当者の給料、賞与）、事務用品費、消耗品費、通信費（電話代、ファックス代など）、建物・OA機器・設備などの減価償却費、旅費（交通費、宿泊費）、運搬費、受入検査費などである。

　次に、在庫維持費用は、在庫品を保管するために必要とする費用のことで、その内容は人件費、金利（在庫品に対して）、税金、荷役費、建物や設備などの減価償却費、運搬費、保険料、棚卸減耗費、陳腐化費などがある。

　いま、Q：経済的発注量、D：年間の総所要量、c：1回当たりの発注費用、h：単位時間・単位製品当たり在庫維持費用、N：経済的発注回数とすれば、費用総額Yは、

$$Y = \left(\frac{D}{Q} \times c \right) + \left(\frac{Q}{2} \times h \right)$$

となる。Yが最小になるQを求めるため、Qについて微分すると、

$\dfrac{-cD}{Q^2} + \dfrac{1}{2}h = 0$ となり、Qについて整理すると、経済的発注量(Q)

と経済的発注回数（N）は次式により求められる。

$$経済的発注量：Q=\sqrt{\frac{2cD}{h}} \qquad 経済的発注回数：N=\frac{D}{Q}$$

経済的発注量（Q）の式は計算の便宜上、購入単価は発注量に関係なく一定としているほか、取引単位の規制（包装の関係）、物理的特性（重量や大きさ）、需要量の変化、支払条件など、実務的な点を無視しており、あくまでも基本的な考え方であることに注意しなくてはならない。

4）安全在庫量の求め方

定量発注方式における安全在庫量は、調達期間や調達期間中の出庫量の変動を吸収するための在庫をいい、最小在庫量あるいは予備在庫量ともいわれる。基本的には、定量・定期発注方式ともに品切れを出さないという前提に立っているため必要とするものである。

安全在庫量の在庫維持費用と在庫品切れによる損失金額の両者から、その必要量を決めなければならないが、損失金額の算出が困難であるため、一般的には許容欠品率（許される品切れ率）を考えて求める。

安全在庫量 (SS) は次式により求められる。

$$SS=a\times\sigma\times\sqrt{L+R}$$

ここで、a は安全係数（欠品率またはサービス率によって定まる倍数）であり、図表4-1-10に示された数値である。

σ は、単位期間内当たりの需要量の標準偏差（バラツキ度合い）、L は月単位の調達期間を表している。この安全係数は、発注方針によって決

図表4-1-10 ● 許容欠品率と安全係数

許容欠品率（%） （品切れ率）	1 $\left(\dfrac{1}{100}\right)$	5 $\left(\dfrac{1}{20}\right)$	10 $\left(\dfrac{1}{10}\right)$
安全係数（α）	2.33	1.65	1.29
サービス率（%）	99	95	90

めるが一般的には、許容欠品率を5％、特別な場合（欠品を認めない）は1％とみることが多い。

5）発注点の求め方

発注点とは、「発注点方式において、発注を促す在庫水準。注釈1　注文点ともいい、調達期間中の推定需要量と安全在庫との和として求められる」（JIS Z 8141：2022-7314）と定義される。月当たり平均需要量をD、調達期間（月単位）をL、安全在庫量をSSとすれば、発注点（OP）は次式により求められる。

$$発注点（OP）= D \times L + SS$$

Ⅲ　現品本位の簡易在庫方式

定量発注方式の簡易版ともいうべき方式で、金額（単価または総額）の低い小物品のような品目については、事務的な労力を節減するために、そのつど台帳に記録せずに直接現品を見て適正在庫を維持しようとする簡単な管理方式であるといえる。

主な方法としては、①ダブルビン法 Key Word （複棚法ともいい、2つの棚に部品を入れておき交互に使用するもので、発注量と発注点が等しい管理方法）、②三棚法（上下3段の棚に、最小、注文点、最大の在庫数を決めて印をつけて管理する）、③バルク法（BUL＝個数の管理をせず箱や袋などの単位で管理する方法）、④小包法（発注点に相当する在庫量を発注カードとともに小包に入れておき、開けて使用すると同時にそのカードで発注する方法）などがある。

Key Word

ダブルビン法──「同容量の在庫が入った二つのビン（箱、容器）を用意しておき、一方のビンが空になり、他方の在庫を使用しはじめたときに一つのビンの容量を発注する方法。注釈1　一つのビンの容量を発注点と発注量とする発注点方式の簡易版で、複棚法、二棚法又はツービン法ともいう」（JIS Z 8141：2022-7320）と定義される。

（3）ABC 分析と発注方式

Ⅰ ABC 分析の考え方

　ABC 分析とは、「多くの在庫品目を取り扱うときそれを品目の取扱い金額又は量の大きい順に並べて、管理の重要度が高い品目から順にA、B、Cの3種類に区分し、重要度に沿った管理の仕方を決めるための分析」（JIS Z 8141：2022-7302）と定義される。ABC 分析を用いた管理の仕方を ABC 管理という。ABC 管理は、在庫管理分野における重点管理手法である。在庫管理に、ABC 分析を利用する目的は、重点的な管理を行うことによって、在庫量を減少させると同時に諸費用（在庫維持費用や発注費用）を節約し、原価の低減を図ることにある。管理すべき対象が多すぎる場合、その重要項目を計数的に把握し、重点的にアクションをとることによって、最小の労力と費用で、大きな効果を出そうとする考え方である。

　ABC 分析においては、横軸に累計部品点数比率をとり、縦軸に累計使用金額比率をとったグラフ上に在庫の各品目の累計分布曲線（ABC 曲

図表 4-1-11 ● ABC 分析図

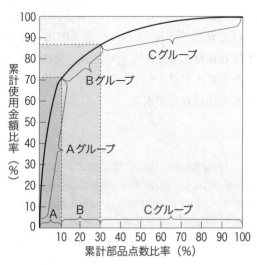

線）を描く（→図表4-1-11）。その曲線をABCの3つのグループに分け、Aの品目は、数量的には少なくとも、価値的に大きいので手間をかけても綿密な管理をする。Cに対しては、管理の手間を省くようなおおまかな管理を行い、Bの品目については両者の中間的な取り扱いをしようとするものである。

Ⅱ　ABC分析図の作成手順

ABC分析図の作成手順は、以下のようになる。

① 過去1年間くらいに出庫した全在庫品目の資料を収集する

② ABC分析カード（部品番号・品名・単価・使用量・使用金額）を作成し、使用金額の高い順に並べる

③ ABC分析表（累計部品点数比率と累計使用金額比率を算出）を作成する

④ ABC曲線（縦軸に累計使用金額比率を、横軸に累計部品点数比率をとり、その％をプロットする）を作成する

⑤ 品目をABCに3区分して、ABC部品を決定する。この場合、特別の区分法則というものはないが、一般的な区分基準としては、A部品は累計部品数の10％くらい、B部品は20％、C部品は70％くらいである

⑥ 部品ごとの管理方法を決定する

Ⅲ　ABC分析と在庫方式

在庫管理において、在庫量を減少させると同時に労力や管理費用の節約を図るための発注方式としては、A品目に対しては、定期発注方式を適用させて在庫量を減少させる反面、C品目については、包装法や複棚法のような現品本位とした簡易定量発注方式を適用して、そのつど台帳に記帳するのを省き、管理や労力の手間を省くために予備在庫を多くもつようにする。B品目には、通常の事務手続による定量発注方式を適用すればよいということになる。

Ⅳ　ABC管理の効果と要点

ABC管理の効果としては、以下のことが期待できる。

① C部品に対する管理の自動化と簡素化による事務費用の節減

② A部品の在庫量の減少

③ A部品の在庫回転率の向上

④ 計画的な管理が可能

⑤ 諸費用の節約が可能

⑥ 原価意識の徹底化

ABC管理における実施上の要点としては、以下のことについて注意を要する。

① A部品にトラブル（欠品）が発生したときの対策を常に考えておく

② 販売量の大幅な変更や設計変更が生じたときは、再区分を行う

③ C部品で類似したような部品は、1つのグループとして扱う

④ C部品に対しては、できる限り管理を容易化する

⑤ 分析する期間は、1年以内（6ヵ月〜1年）が望ましい

Column 知ってて便利

《在庫ゼロ方式は、在庫を完全にゼロにすること？》

在庫ゼロ方式はノンストック方式ともいわれ、在庫を完全にゼロにするというのではなく、実質的な効果を上げようとするものである。

すなわち、在庫管理の目的である原価の引き下げ、現場での在庫切れ防止、そして運転資金の減少という3目標を犠牲にすることなく、極力在庫量を減少させて、在庫金額や在庫スペースの削減および在庫に関連した労力や経費を減少させることが、この方式のねらいであるといえる。

この方式には、分納方式（かんばん方式も含む）、預託方式、直送方式などがある。

第 2 節　生産システムとIE

学習のポイント

◆インダストリアルエンジニアリングの意義を知り、生産管理
のプロセスでの利用の方法を理解する。
◆インダストリアルエンジニアリングの基本的な手法について、
その考え方と手法の内容を知る。
◆インダストリアルエンジニアリングの基本的な手法を利用し
て分析ができるようにする。

1 │ IEの考え方

（1）IEの意義

Ⅰ　IEとは

　アメリカIE協会によると、IE（Industrial Engineering：インダスト
リアルエンジニアリング）とは、「人、モノ、設備を統合した、システム
の設計・改善・確立に関する活動であり、そのシステムから得られる結
果を明示し、予測し、評価するために、工学的な分析・設計の原理、方
法とともに、数学、物理学および社会科学の専門知識と経験をよりどこ
ろにして行うもの」と定義される。この定義では、システムの対象は人、
モノ、設備（いわゆる3M：Man、Material、Machine）であり、その
システムを新規に作るとき（設計）、これまでのシステムをよくするとき
（改善）、システムの手順化・標準化を図るとき（確立）の活動であると
述べている。

　わが国のJIS規格では、経営工学（Industrial Engineering）とは、イ

ンダストリアルエンジニアリング、またはIEともいい、「経営目的を定め、それを実現するために、環境（社会環境及び自然環境）との調和を図りながら、人、物（機械、設備、原材料、補助材料、エネルギーなど）、金、情報などを最適に計画し、運用し、統制する工学的な技術・技法の体系」（JIS Z 8141：2022-1103）と定義される。ここでは考慮するシステムの対象として、人、モノ、金、情報を扱っている。このことから、3Mに加えて金（Money）と情報（InformationまたはMedia）に対象が広がっていることがわかる。さらに、このJISの注釈1では、経営工学とは、「時間研究、動作研究などの伝統的なIE（Industrial Engineering）技法に始まり、生産の自動化、コンピュータ支援化、情報ネットワーク化の中で、制御、情報処理、ネットワーク、最適化、シミュレーションなど様々な工学的手法が取り入れられ、その体系自身が経営体とともに進化している」と定義される。

Ⅱ　IEの役割

IEの役割として、アメリカIE協会の定義に従い、以下のような、設計（①、②）、改善（③、④）、確立（⑤）に関する活動が考えられる。

① 仕事を実施している現場の担当者やスタッフが、ムダのない楽な仕事のやり方に改善するときに用いる。これは、IEの改善活動の最も基本的な利用の仕方である。

② 職場の活性化のために、自主的な改善活動の中での手段として用いる。これは、月間に作業改善提案件数を定め、自主的に改善提案をするQCサークル活動の中で、品質の作り込みのために作業の改善を行うときに用いることなどが考えられる。IEのサークル活動は、QCサークル活動に比べ数は少ないが、実施している会社もある。

③ 製造工程、物流、サービス、事務などの仕事のシステムを開発・設計・導入するときに、ムダのない合理的なシステムを追求するのに用いる。これは、仕事のシステムを設計するときの基本的な活用方法である。IEというとモノの生産というイメージがあるが、サービス産業に適用することも積極的に行われている。仕事のシステムを

設計する場合には、**(2)** Vで述べる設計的アプローチが中心となる。

④ 仕事を機械化するとき、あるいは情報システムを開発・設計・導入するときの基礎として用いる。特に、仕事のシステムに関する情報システムの設計では、モノの流れ、人の動き、情報の流れをよくしてから行うほうが単純な情報システムとなる可能性があり、効果的である。

⑤ 作業を標準化して、作業標準、標準時間を整備し、仕事（作業）の計画と統制を合理的に行う基礎をつくる。作業標準は品質にも影響を及ぼす。標準時間は作業方法が決まらないと設定できない。標準時間が決まることにより、正しい計画を立てることができるようになる。

このほか、IEは仕事量の目標の設定、能力の算出、能率や生産性の測定、原価の算定、出来高の実績評価、賃金の算定基準の設定などにも用いられる。

IEの発生は、作業方法の標準化と作業時間の標準化に関連している。テイラー（F. W. Taylor）は作業者の作業を観察し、同じ仕事をこなすにも人により差があることに気がついた。多くの量をこなす人には高賃金を払い、作業者の不公平感をなくすことを考えた。そのためには、作業量の物差しが必要とされ、ストップウォッチにより作業時間の測定を行った。これにより作業者の「1日の公正な仕事量（a fair day's work）」の考え方が生まれ、標準時間の概念ができた。一方、ギルブレス（F. B. Gilbreth）は、レンガ積みの職人となり建設現場で働いていたときに、作業方法が人により異なることに気がついた。その観察から、主として手の動作による作業方法のよさを解析する研究を行い、夫人とともに「仕事の最善な方法（one best way）」を見いだす手法を完成させた。この考え方が標準作業の設定に結びつき、標準時間の概念と合体してIEの基礎となった。

（2）IEの構成

　IEの適用範囲は、仕事のシステムの設計・改善・確立に関する活動であることは前項で述べた。ここでは、生産システムのとらえ方、IEの分析手法および原理原則について述べる。

Ⅰ　生産システムのとらえ方

　図表4-2-1に示したように、生産システムにおいては素材から製品へ変化する対象物としてのモノと、その変化を助けるための手段としての物がある。

図表4-2-1 ● 仕事の構造

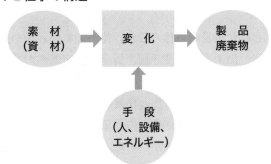

　素材は生産を行うために必要な材料であり、資材とも呼ばれる。資材には、原材料、部品があり、部品とは、「機械器具などの組立製品を構成する資材」（JIS Z 8141：2022-1218）と定義される。また、製品とは、「活動又はプロセスの結果。注釈1　製品にはサービス、ハードウェア、プロセス製品、ソフトウェア及びこれらの組合せがある。注釈2　製品には、有形の物（例えば、組立製品）又は無形の物（例えば、知識又は概念）、及びこれらの組合せがある」（JIS Z 8141：2022-1219）と定義される。

　投入された素材は姿形を変えて製品になるが、素材に含まれていても製品にならない部分もある。このような製品にならない部分は、ロスと

して廃棄あるいは再資源化されるものであり、一般には特に呼び名は付けられていない（ただし、中村氏が提案した「もの・こと分析」においては「のこりもの（残資源）」と名づけられている（中村善太郎『もの・こと分析で成功するシンプルな仕事の発想法』日刊工業新聞社、2003年））。のこりもの（残資源）は、環境対策を考える場合には特に着目しなければならないモノとなる。できるだけのこりもの（残資源）が出ないような生産システムを設計する必要がある。一方、手段の資源は生産プロセスにおいて素材から製品を生み出すために用いられ、人や設備、容器などの物、さらに電気、ガス、用水などのエネルギーも含まれる。

設備とは、「生産活動又はサービス提供活動のためのシステムを構成する能力要素としての物的手段の総称。注釈1　主な物的手段として機械、装置、工具類、計測器、土地、建物などがある」（JIS Z 8141：2022-6101）と定義される。手段としての設備は、製品に含まれて生産プロセスから出ていくのではなく、そのプロセスの中で何回も繰り返して利用されることが多い。生産に必要なエネルギーなどは、ユーティリティ（用役）とも呼ばれ、「生産活動又はサービスの提供に必要な共用的・消耗的資源の総称。注釈1　主なるユーティリティとして電力、ガス、用水などがある」（JIS Z 8141：2011-6106）と定義される。これらのユーティリティは、場合により、素材として用いられる場合がある。たとえば、ミネラルウォーターを生産している工場では、水は原材料であり、ユーティリティではない。

Ⅱ　仕事の区分

仕事とは、ジョブまたは職務ともいい、「人及び機械・設備に割り当てられた作業の集合」（JIS Z 8141：2022-1222）と定義される。また、作業とは、「対象物の物的、情報的な特性の人為的な変化、観察、評価、処理など。注釈1　具体例には、取り扱われる原材料及び仕掛品の加工（変形、変質）、運搬、検査、監視、帳票処理など」（JIS Z 8141：2022-1223）と定義される。なお、課業（task）とは、「道具、装置又はその他の手段を用いて、特定の目的のために行う人間の活動又は作業。注釈1　科学

的管理法では、標準の作業速度に基づいて設定された、1日の公正な仕事量」(JIS Z 8141：2022-1225) と定義される。ここで仕事量とは、「仕事を遂行するために必要な仕事の密度と時間の積」(JIS Z 8141：2022-1224) と定義される。

　仕事を分析することとは、仕事を分解してみることである。時間軸の中で仕事を分けてみる見方として、仕事における変化の内容を図表4-2-2に示す5段階の細かさで分ける方法がある。工程（プロセス）とは、「入力を出力に変換する、相互に関連する経営資源及び活動のまとまり」(JIS Z 8141：2022-1231) と定義され、これだけでは図表4-2-2の作業との関係は示されていない。分析、改善の対象となる工程は、作業よりは大きい活動のまとまりである。工程は、たとえば切削工程、研磨工程、組立工程のような処理内容の表現で、あるいは加工工程、運搬工程、検査工程、停滞工程のような工程分析手法の表現で示される。

図表4-2-2 ● 仕事の区分方法

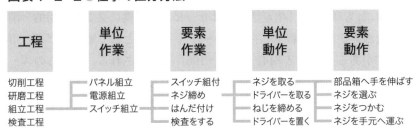

　単位作業とは、「一つの作業目的を遂行する最小の作業区分」(JIS Z 8141：2022-5109) と定義され、工程を分解したときの1区分である。たとえば、組立工程を単位作業の細かさで区分すると、パネル組立、電源組立、スイッチ組立のような区分となる。要素作業とは、「単位作業を構成する要素で、目的別に区分される一連の動作又は作業」(JIS Z 8141：2022-5110) と定義される。たとえばスイッチ組立では、スイッチの部品を基板にはめる、ネジを締める、はんだ付けをする、検査をする、製

品箱へ製品を置くなどの要素作業に区分される。

　動作（motion）とは、「作業を行うときの、人の手、足、頭又は胴体の動き」（JIS Z 8141：2022-1226）と定義される。1つの要素作業は、単位動作に区分される。単位動作は、一連の要素動作の集まりであり、たとえば「ネジ締め」という要素作業は、「ネジを取る」「ドライバーを取る」「ネジを締める」「ドライバーを置く」という単位動作から構成される。さらに1つの単位動作は、要素動作に区分される。要素動作は、動作研究における最小の作業区分であり、サーブリッグ（→本節 **2**（2）Ⅱ）、動素とも呼ばれる。たとえば、「ネジを取る」という単位動作は、「部品箱へ手を伸ばす」「部品箱からネジを選ぶ」「ネジをつかむ」「ネジを手元へ運ぶ」という身体の動きを中心に記述される要素動作から構成される。

Ⅲ　IEで用いられる分析手法

　図表4-2-3にはIEで用いられる分析手法の例を示す。素材から製品になるモノを分析対象としている手法と、作業者や機械などの手段の資源を分析対象としている手法に分類できる。また、時系列的に分析する方法と、空間的に分析する方法とに分類している。分析手法の名称には、先に述べた、分析の細かさに関する「工程」「作業」「動作」の付いている分析手法が多いことがわかる。

Ⅳ　IEで用いられる原理・原則

Column 🄿 コーヒーブレイク

《3Sとフォード社》

　3Sは、自動車生産でフォードの工場で導入した、製品の単純化、部品の規格化、工場の専門化およびこれらを統合した生産の標準化が起源とされている。フォードでは当時、自動車の生産をT型車と呼ばれる単一製品に限定して、部品の標準化を図り互換性を高め、単一目的のために設計された機械・設備を用いて単一部品を専門工場で加工する方法をとり、画期的にコストを抑えた製品を生産した。このことにより、庶民に手の届く自動車が販売されるきっかけとなった。

図表4-2-3●IEで用いられる主要な分析手法

分析対象		時系列的な分析	空間的な分析
素材から製品へ 変化する資源		オペレーションプロセスチャート （作業工程図） フロープロセスチャート物タイプ （製品工程分析） 運搬工程分析 事務工程分析	ストリングダイヤグラム （糸引線図） フローダイヤグラム （流れ線図）
		流動数分析 進度グラフ（ダイヤグラム）分析	
手段となる資源	作業者	フロープロセスチャート人タイプ （作業者工程分析） 両手動作分析 サーブリッグ分析（動作分析） サイモチャート（同時動作分析）	ストリングダイヤグラム （糸引線図） フローダイヤグラム （流れ線図） マイクロモーション分析 （サイクルグラフ、クロ ノサイクルグラフ） メモモーション分析
	作業者、機械	稼働分析（ワークサンプリングなど）	
	作業者と機械 複数の作業者	連合作業分析 （マンマシンチャート、マンマンチャート）	
素材から製品へ 変化する資源と 手段となる資源		もの・こと分析	

出所：渡邉一衛編『IEr養成コース入門コーステキスト』日本IE協会

1）合理化の原則

合理化の原則とは、3Sともいい、「標準化、単純化及び専門化の総称であり、企業活動を効率的に行うための考え方。注釈1 設計、計画、業務、データベースなどで繰り返し共通に用いるために標準を設定し、標準に基づいて管理活動を行うことを標準化（standardization）といい、設計、品種構成、構造、組織、手法、職務、システムなどの複雑さを減らすことを単純化（simplification）といい、生産工程、生産システム、工場又は企業を対象に特定の機能に特化することを専門化（specialization）

という。3Sは、これらの英単語の頭文字をとったものである」（JIS Z 8141：2022-1105）と定義される。

この中で、特に専門化については、少種多量生産には適していたが、多種少量生産になると現実とそぐわないものになった。このため、専門化を多種少量生産では、汎用化または多機能化に置き換えることが必要になった。機械の汎用機化・多機能化・複合化により、さまざまな加工が1つの機械で行われ、稼働率向上につながっている。また、作業者に関しては、多能工化により、1人の作業者がさまざまな技術を修得し、多品種でも生産できる体制が必要となった。いわゆる組立のセル生産では、多能工化が必要条件になっている。

2）5W1Hの原則

5W1Hとは、「改善活動を行うときの指針で、what（何を）、when（いつ）、who（誰が）、where（どこで）、why（なぜ）、how（どのようにして）の問いかけのこと」（JIS Z 8141：2022-5305）と定義される。いわゆる「なぜ」を繰り返して問題を明らかにする方法である。

たとえば、第1番目の問いかけとしてwhatがあり、何をやるのかを問いかける。もし、必要がなければそれは行わなくてもよいことになる。この問いかけにより残ったことに対して、when、who、whereの問いかけをする。いつそれを行うのか、別のときに行えないか、一緒に行えないかを検討する。次に、だれが行うのか、他の人ができないか、1人でできないかを検討する。さらに、なぜそこで行うのか、別の場所でできないか、1ヵ所でできないかを検討する。最後に、なぜそのように行うのか、もっと単純にできないか、もっと簡略化できないかを検討する。

3）改善の原則

改善のECRSとは、ECRSの原則ともいい、「工程、作業、又は動作を対象とした改善の指針又は着眼点として用いられ、排除（Eliminate：なくせないか）、結合（Combine：一緒にできないか）、交換（Rearrange：順序の変更はできないか）及び簡素化（Simplify：単純化できないか）のこと。注釈1　一般的にE→C→R→Sの順に実施するのが望ましい」

（JIS Z 8141：2022-5306）と定義される。

　たとえば、まず初めは、Eの問いかけを行い、なくせることとなくせないことに分け、なくせることはなくす。この段階は５Ｗ１Ｈの原則でのwhatの問いかけに対応している。なくせないことに対して、ＣとＲの問いかけをする。同時に行う、順序を変えて行うことを検討する。この段階は５Ｗ１Ｈの原則のwhat、where、whoの問いかけに対応している。３段階目にもっと単純化できないかという問いかけをする。この問いかけは、５Ｗ１Ｈの原則でのhowの問いかけに対応する。Ｓは、さらに細かい分析を行い、その分析に対してECRSの原則を適用することに当たる。工程、作業、動作という分析の細かさのレベルと、ECRSの原則の適用との対応関係を図表４-２-４に示す。

図表４-２-４ ● 分析の細かさとECRSの原則との関係

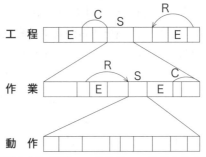

出所：渡邉一衛編『IEr養成コース入門コーステキスト』日本IE協会

４）動作経済の原則

　動作の分析はギルブレスによって確立されたが、これをもとにして動作はかくあるべきであるという指針がその後の研究者によって提案された。以下に示すのはギルブレスの直系の弟子であるバーンズ（L. M. Burns）によりとりまとめられた動作経済の原則と呼ばれている動作の設計指針である。動作経済の原則とは、「作業者が作業を行うとき、最も合理的に作業を行うために適用される経験則」（JIS Z 8141：2022-5207）

と定義される。この原則は、身体の使用、作業場所、工具や設備の設計という3つに分類整理されており、人間の動作の特性を考慮した最も代表的な作業設計の指針である。

① 身体の使用に関する原則

　i　両手の動作は同時に始め、また同時に終了するべきである

　ii　休息時間以外は、同時に両手を遊ばせてはならない

　iii　両腕の動作は、反対方向に、対称に、かつ同時に行わなければならない

　iv　手および体の動作は、仕事を満足に行いうる最低の分類に限る　a）指の動作、b）指および手首を含む動作、c）指、手首、前腕を含む動作、d）指、手首、前腕、上腕を含む動作、e）指、手首、前腕、上腕、肩を含む動作（姿勢を崩さなくてはならない）

　v　できるだけモノの力（運動量、惰性、はずみ）を利用して作業者を助ける。しかし、筋肉の力を用いてこれに打ち勝つ必要のある場合には、運動量を最小限にする

　vi　ジグザグな動作や突然かつシャープに方向変換を行う直線運動より、スムーズに継続する手の動作のほうが好ましい

　vii　弾道運動は制限された運動（固定）やコントロールされた運動よりもはるかに早く、容易であり、かつ正確である

　viii　できるだけ楽で自然なリズムで仕事ができるように、仕事をアレンジする

　ix　注視の回数はできるだけ少なく、かつ注視の間隔を短くする

② 作業場所に関する原則

　i　工具や原材料はすべて定位置に置く

　ii　工具、原材料、制御装置は、使用点に近接しておく

　iii　原材料を使用点の近くへ運ぶには、重力利用の容器を使用する

　iv　できるだけ落とし送りを利用する

　v　原材料、工具は動作を最善の順序で行えるよう配置する

　vi　視覚のために適切なコンディションを整える。満足な視覚を得

るための第一条件は良好な照明である

vii 立ち作業や座り作業いずれも容易に行えるように作業場所およびいすの高さをできるだけアレンジする

viii 作業者が良好な姿勢をとれるタイプおよび高さのいすを各人に備える

図表4-2-5には最大作業域と正常作業域が示されている。図①において、最大作業域は肩を中心に手を動かせる実線の範囲であり、正常作業域は肘を固定して手を動かせる点線の範囲である。正常作業域は、腕を回せる限界があり、図②の色アミで囲んだ範囲までがそれにあたる。図③における色アミの範囲は、目の動きを伴うことなく両手同時に左右対称に手を動かせる範囲である。図④は高さ方向に関する作業域で、点

図表4-2-5 ● 正常作業域と最大作業域

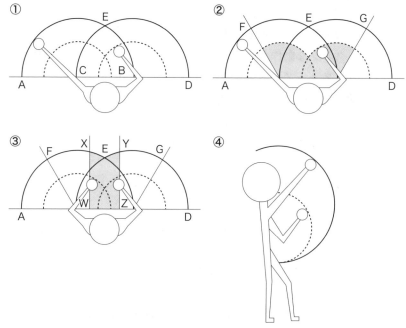

出所：日本経営工学会編『生産管理用語辞典』日本規格協会

線の範囲が正常作業域、実線の範囲が最大作業域となる。

③　工具や設備の設計に関する原則

 i 治具や取付具、または足操作の装置を用いたほうがいっそう有効にできる仕事では手を用いない

 ii 工具はできるだけ組み合わせる

 iii 工具や原材料は、できるだけ前置きしなければならない

 iv キーボードを打つときのように、おのおのの指が特定の働きをする場合、おのおのの指の固有能力に応じて作業量を区分する

 v レバー、ハンド・ホイール（手回しハンドル）、その他のコントロール装置は、作業者が体の位置を変えることが最も少なくて済み、かつ最大限のスピードで最も容易に操作できる位置に取り付けなければならない

V　分析的アプローチと設計的アプローチ

　仕事のシステムに関する問題のとらえ方として、図表4-2-6に示すような構造が考えられる。すなわち、問題は理想の姿、あるべき姿あるいは目標と、現実あるいは現状とのギャップであり、解決を必要とする事柄であるという考え方である。このような問題のとらえ方は、多くの問題解決に関する書籍でも取り上げられており、一般化されている。したがって、問題を解決することは、目標と現状のギャップをなくすことである。本項ではこのような問題を解決するアプローチの代表的な方法

図表4-2-6●問題のとらえ方

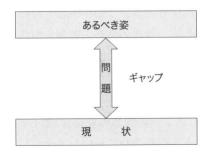

図表４−２−７ ●問題解決に向けたアプローチ

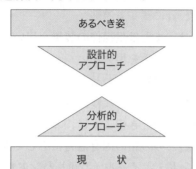

である分析的アプローチと設計的アプローチについて概説する。→図表
４−２−７

　分析的アプローチはリサーチアプローチとも呼ばれ、現状からスター
トする。まずは、対象とする仕事のシステムの現状を把握し、システム
が抱えている問題点を列挙する。このときに、さまざまな分析手法が用
いられる。列挙された問題点を分類・整理し、それを解決するアイデア
を出す。いわゆる代替案の列挙のステップである。このステップでは、
たとえば、問題に応じ、ブレーンストーミングやさまざまな発想法、調
査、研究などが行われる。ここで出された代替案を問題の制約条件によ
り絞り込み、制約条件を満たす最もよい案、目標を満たす案が採用され
ることになる。前掲の図表４−２−３に示したIEの手法は、こうした分析
的アプローチを手助けする手法であるということができる。

　設計的アプローチはデザインアプローチとも呼ばれ、分析的アプロー
チとは逆に、あるべき姿、理想の姿から問題を解決する方法である。ま
ずは、対象とする仕事のシステムのあるべき姿を求め、その姿にできる
だけ近い、実現可能な方策として具現化する手法である。

　その代表的な手法として、ナドラー（G. Nadler）によるワークデザイ
ンがある。これは、システムの理想の姿をno time no costで実現する
システムと置き、できる限りこれに近いシステムにより具現化しようと

する考え方である。ナドラーは、このような理想システムは現実には実現しないが、あくまでも究極としてそのようなシステムを念頭に置いていることが重要であるとしている。ナドラーによるシステムの構造（ホッパー構造と呼んでいる）を図表4-2-8に示す。インプットがホッパーに入ってワークシステムが始動する。種々の活動が行われて、決まった機能を満足するアウトプットが一定の仕様に従って作成される。資材や情報を処理する活動の連鎖が円やフィードバックの経路によって示されている。この構造はその中の1つの円の中でも見ることができ、さらにこのホッパー自体が1つの円としてその上位のホッパーになっている場合もある。ナドラーはこのホッパーのアウトプットである機能に着目し、システムの機能を目的と手段の関係で整理している点が1つの特徴となっている。

図表4-2-8 ● システムのホッパー構造

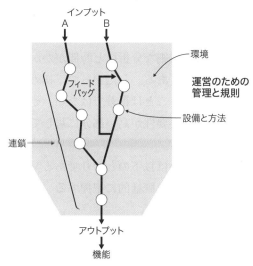

出所：G.ナドラー、村松林太郎ほか訳『ワーク・デザイン』建帛社

2 IE手法と設計・改善

(1) 工程分析

Ⅰ 工程分析の考え方とねらい

工程分析とは、「生産対象物が製品になる過程、作業者の作業活動、及び運搬過程を、対象に適合した図記号で表して系統的に調査・分析する手法」（JIS Z 8141：2022-5201）と定義される。工程分析の種類として、この定義の中に示されたように、素材から製品になる過程を分析する製品工程分析、作業者の変化を分析する作業者工程分析、モノが運搬されるプロセスを中心に分析する運搬工程分析などがある。

工程分析では、工程の流れをJISに定められた工程図記号（JIS Z 8206：1982）により分割して記述し、対象物の変化の過程を把握し、必要な変化と不必要な変化を区分けしてムダを発見し、改善の方向性を得ることがねらいとなる。先に示したように、分析対象の時系列的な分析の中で、最も区分が粗い分析であるため、改善の初期の段階で実施することが多い。この分析をもとに、必要に応じてより詳細な、作業の分析や動作の分析へと展開される。詳細な分析ほど時間がかかり、その割には改善の効果が大きくないこともある。したがって、初めから動作の分析をすべての作業にわたって行うことは得策ではない。そのため、まずは大きい区切りで検討を行い、必要性が高い部分に対してだけ、詳細に分析するという工夫が必要になる。

工程分析の一般的なねらいは以下のとおりである。

① 分析対象の変化の様子を概括的に把握する

② ムダな工程を発見する

③ プロセスの順序や組み合わせ、および変化の内容についての変更の可能性を調べる

④ 改善の対象とする変化を見いだす

⑤ 生産プロセスの設計を行うときの基礎資料とする

また、各分析手法についてのねらいを図表4-2-9に示す。

図表4-2-9 ● 工程分析の種類とねらい

種　類	ね　　ら　　い
製品工程分析	工程系列について、原材料・部品・製品などのモノの流れに着目して分析する手法で、製造プロセス全体に関する総合的な実態把握を行い、問題点を摘出する。
作業者工程分析	一連の作業者の行動を対象にして、人の動きに着目して分析する手法で、作業者の行動に関する問題点を摘出する。
運搬工程分析	製品工程分析に出てくる運搬や停滞、あるいは作業者工程分析に出てくる移動やモノの上げ下ろしなど、いわゆるマテリアルハンドリングに関して特に詳しく分析し、問題点を摘出する。

出所：日本科学技術連盟FIE運営委員会編『IEによる職場改善実践コーステキスト』
　　　日科技連出版社より

Ⅱ　製品工程分析の方法

　製品工程分析で用いる分析記号は、図表4-2-10に示したJIS Z 8206：1982「工程図記号」に規定されている。要素工程として、加工、運搬、停滞および検査の4つがあり、停滞は貯蔵と滞留に、検査は数量検査と品質検査に再分類される。運搬の記号としては、○よりも⇨のほうが一般に多く用いられている。また、貯蔵と滞留に分けないで停滞で分析する場合には▽で、数量検査と品質検査に分けずに検査で分析する場合には□でそれぞれ表す。

　補助図記号は工程系列の順序関係を図示するために用いる記号であり、図表4-2-11に示す。

　複合記号は、2つの要素工程がもつ機能や状態が、1つの要素工程で同時に発生する場合に用いる。主となる要素工程の記号を外側に、従となる要素工程の記号を内側に示す。→図表4-2-12

　工程系列における加工順序を示す場合には、加工記号の中にその順序番号を記入する。運搬手段を示す必要がある場合には、運搬記号の中にその運搬手段を示す略称や文字を記入する。

　要素工程に合流・分岐する場合には、加工組立生産の場合と、液体・紛体・粘体・気体などを扱う装置生産の場合では表現方法に違いがある。

図表4-2-10 ● 工程図記号（基本図記号）

要素工程	記号の名称	記号	意　味	備　考
加工	加　　工	○	原料、材料、部品または製品の形状、性質に変化を与える過程を表す。	
運搬	運　　搬	○	原料、材料、部品または製品の位置に変化を与える過程を表す。	運搬記号の直径は、加工記号の直径の1/2〜1/3とする。記号○の代わりに記号⇨を用いてもよい。ただし、この記号は運搬の方向を意味しない。
停滞	貯　　蔵	▽	原料、材料、部品または製品を計画により貯えている過程を表す。	
	滞　　留	D	原料、材料、部品または製品が計画に反して滞っている状態を表す。	
検査	数量検査	□	原料、材料、部品または製品の量または個数を測って、その結果を基準と比較して差異を知る過程を表す。	
	品質検査	◇	原料、材料、部品または製品の品質特性を試験し、その結果を基準と比較してロットの合格・不合格または個品の良・不良を判定する過程を表す。	

出所：JIS Z 8206：1982より抜粋

加工組立生産では、要素工程の間（合流は要素工程の前、分岐は要素工程の後ろ）に流れ線を記入する。装置生産では要素工程に直接流れ線を記入する。→図表4-2-13

　工程図記号を用いた分析例を、図表4-2-14および図表4-2-15に示す。図表4-2-14は1本の鋼材が加工されていく様子が示されている。図表4-2-15は組立加工型の生産プロセスの例である。通常は安定して

図表4-2-11 ●工程図記号（補助図記号）

記号の名称	記号	意　味	備　考
流れ線		要素工程の順序関係を表す。	順序関係がわかりにくいときは、流れ線の端部または中間部に矢印を描いてその方向を明示する。流れ線の交差部分は、⌒  で表す。
区　分	 〜〜〜	工程系列における管理上の区分を表す。	
省　略	 ＝＝	工程系列の一部の省略を表す。	

出所：JIS Z 8206：1982より

図表4-2-12 ●複合記号の例

複合記号	意　味
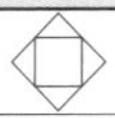 ◇	品質検査を主として行いながら数量検査もする。
▢	数量検査を主として行いながら品質検査もする。
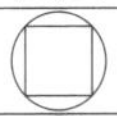 ◯	加工を主として行いながら数量検査もする。
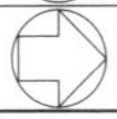 ◯	加工を主として行いながら運搬もする。

出所：JIS Z 8206：1982より

いる貯蔵の状態から、最後の貯蔵の状態までを分析するため、初めと終わりの記号は▽となる。また、図表4-2-14に対応して、レイアウト図上に工程図記号を用いて描いた分析図をフローダイヤグラムと呼び、レイアウトの改善に用いられる。→図表4-2-16

Ⅲ　作業者工程分析の方法

作業者工程分析で用いる記号は、製品工程分析の工程図記号が援用されている。基本的には、図表4-2-17のように作業、移動、手待ちおよび検査に分類され、手待ちは計画された手待ちと計画に反した手待ちに、検査は数量検査と品質検査にそれぞれ細分類されている。ただし、一般

図表４-２-13 ● 合流・分岐の流れ線の描き方

合流・分岐点	生産方式	合流する場合	分岐する場合
要素工程間	組立生産方式で多く見られる	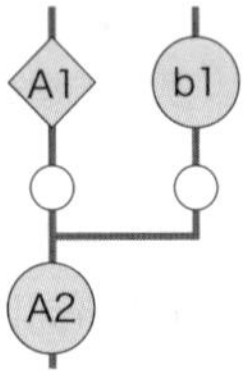	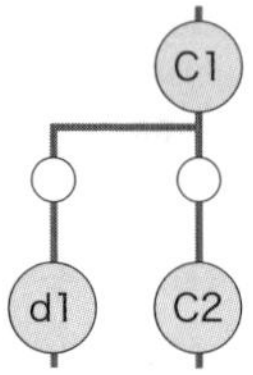
要素工程内	装置生産方式で多く見られる	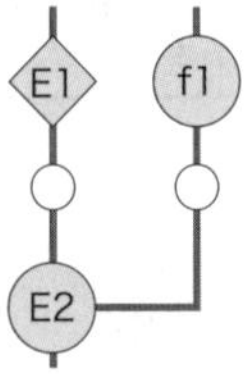	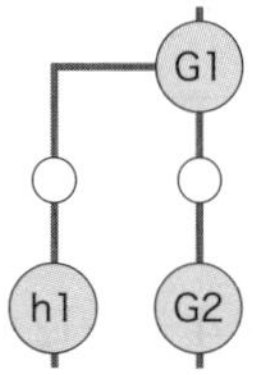

出所：JIS Z 8206：1982に基づいて作成

には手待ちを細分類して分析することはあまりない。図表４-２-18に分析例を示す。

Ⅳ　運搬工程分析の方法

運搬工程分析は、製品工程分析をもとにしているが、製品工程分析と異なる記号がいくつか用いられる。図表４-２-19の基本記号に示すように、製品工程分析あるいは作業者工程分析の移動の内容は、品物の位置が変化している移動とその前後で起こる取扱いに分けて分析される。また、検査の記号は用いられず、加工として扱われている。

品物の置き方を運び出しやすさの観点から分類して、台記号で示す。台記号には図表４-２-20に示す５種類があり、表の下に行くほど運び出すための手間が少なくなる。「平置き」の状態から運び出すためには、「まとめる」ことで箱入りの状態（束ねた状態）にし、「起こして」枕がついた状態（パレットに載った状態）にし、「もち上げて」車に載った状態（コンベヤに載った状態）にし、「動かして」移動中の状態になる。これらの

図表4-2-14●直列型の製品工程分析図（車軸部品より抜粋）

距離(m)	時間(min)	工程経路	工程の内容説明
		▽	材料倉庫で
15	0.85	㋐	フォークリフトトラックでライントップへ
	125.00	▽	パレットの上で
1	0.05	㋟	手で機械へ
	1.00	①	フライス盤で端面切削
3	0.20	㋙	コンベヤで自動搬送
	1.00	②	旋盤で軸部荒削り
3	0.20	㋙	コンベヤで自動搬送
	0.50	③	旋盤で軸部仕上げ削り
3	0.20	㋙	コンベヤで自動搬送
	1.50	◇4	軸径自動検査
3	0.20	㋟	手で仕掛り置き場へ
	62.50	▽	パレットの上で
1	0.05	㋟	手で機械へ
	0.25	⑤	軸端歯切り
5	0.35	㋙	コンベヤで自動搬送
	0.25	⑥	洗浄
5	0.35	㋙	コンベヤで自動搬送
	0.70	⑦	軸部焼入れ
2	0.10	㋟	手で仕掛り置き場へ
	62.50	▽	パレットの上で
2	0.10	㋟	手で機械へ

注）㋐、㋙、㋟はそれぞれフォークリフト、コンベヤ、手による移動を示す。

出所：JIS Z 8206：1982より

図表４-２-15●加工組立型の製品工程分析図（モータの組立より抜粋）

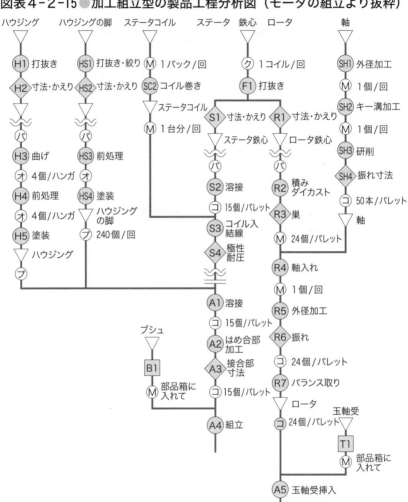

出所：JIS Z 8206：1982 より

図表4-2-16 ●フローダイヤグラム（車軸部品）

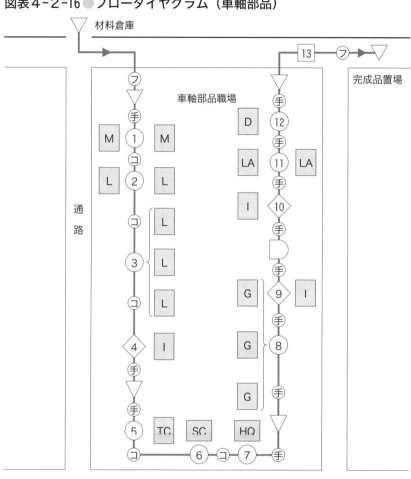

備考
（運搬手段略号）　　　　　　（機械略号）
フ……フォークリフトトラック　M……フライス盤　　HQ …焼入れ機
手……手　　　　　　　　　　　L ……旋盤　　　　　G……研削盤
コ……コンベヤ　　　　　　　　I ……検査機　　　　LA …自動旋盤
　　　　　　　　　　　　　　　TC …歯切り盤　　　D……ボール盤
　　　　　　　　　　　　　　　SC …洗浄装置

出所：JIS Z 8206：1982より

図表4-2-17●作業者工程分析で用いる分析記号

分　類	記　号	意　味	備　考
作　業	○	対象物に物理的または化学的変化を加えたり、他のものと組み立てたり、分解したりする行為	加工、移動、検査のための整理準備などの操作も含む
移　動	○ または ⇨	作業者が対象物をある場所から他の場所へ運搬したり、何ももたずに移動する行為	約1m以内にある対象部の取り扱いは操作として作業の一部と考える
手待ち	▽	材料待ち、運搬具の到着待ち、自動加工中の加工終了待ちなど作業者が待っている状態	計画的な手待ちと計画に反した不本意な手待ちを区別する必要のある場合は、基本図記号を準用する
検　査	□	数量または品質を調べたり、基準と照合して判定する行為	数量検査と品質検査を区別する必要のある場合は、基本図記号を準用する

出所：渡邉一衛編『IEr養成コース入門テキスト』日本IE協会

状態は活性示数と呼ばれており、移動中の状態が最も高く4であり、平置き（バラ置き）の状態が最も低く0である。台記号は、基本記号の下に組み合わせて記入する。

　レイアウトの運搬経路やカラ運搬の有無を明確化するために、品物だけではなく、人や運搬設備の動きを示すこともできるように図表4-2-21に示す移動線と呼ばれる記号が用意されている。移動線の区別は、対象物別に分析記号で表現するときの表現方法を規定するものである。

　その他の付帯記号の1つに、図表4-2-22に示した操重記号がある。これは、基本記号の取扱いの内容をさらに細かく、積みと降ろしに区分けする場合に用いる。

　以上の記号を用いて運搬工程分析を行った例を、図表4-2-23に示す。

Ⅴ　工程分析による改善の方向

　工程分析から得られる情報は以下のようにまとめられる。

1）工程系列から得られる情報として

図表4-2-18 ●作業者工程分析の例

分析対象		準備作業				A 課		Aチーム
No.	内 容	作業	移動	検査	手待ち	距離(m)	時間(秒)	改善着眼点
1	作業台より流しへろ過器を運ぶ	○	○	□	▽	4	3	あらかじめ手すきの時間にできないか
2	容器を準備する	○	○	□	▽		3	
3	予洗浄をする	○	○	□	▽		30×2/60	
4	作業台に回収瓶を取りに行く	○	○	□	▽	6	5	
5	回収瓶を機械側作業台へ運ぶ	○	○	□	▽	1	1	
6	回収瓶の設置と配管の接続	○	○	□	▽		120	
7	流しへろ過器を取りに行く	○	○	□	▽	5	4	
8	水抜きをする	○	○	□	▽		15×2/30	
9	ろ過器をリークテスト台へ運ぶ	○	○	□	▽	5×2/10	4×2/8	リークテスト装置を機械の側に設置する必要がある
10	空気をブローする	○	○	□	▽		3	
11	リークテストをする	○	○	□	▽		30×2/60	
12	空気圧を確認する	○	○	□	▽		3×2/6	
13	作業台に中間瓶を取りに行く	○	○	□	▽	5	4	中間瓶プール方式を変更し、あらかじめ組み立てておいてはどうか
14	中間瓶を組み立てる	○	○	□	▽		20	
15	中間瓶を運ぶ	○	○	□	▽	1	1	
16	中間瓶を設置する	○	○	□	▽		40	
17	ろ過器を取りに行く	○	○	□	▽	5×2/10	5×2/10	9～11に同じ
18	空気圧を確認する	○	○	□	▽		3×1/6	
19	ろ過器を作業台に運ぶ	○	○	□	▽	5×2/10	5×2/10	
20	ろ過器の水抜きをする	○	○	□	▽		90×2/180	
21	ろ過器を機械側へ運ぶ	○	○	□	▽	1	1	
22	ろ過器を組み立てる	○	○	□	▽		60×2/120	組み立てておく
23	ろ過器配管を接続する	○	○	□	▽		360	

総 括	工程数	11	10	2	0	合 計		
	時 間	996	47	12	0	時間(秒)	距離(m)	人員
	人 員	—	—	—	—	1055	53	—

出所：石渡淳一『新現場QC読本⑨ 現場のIE（1）工程分析』日科技連出版社

図表4-2-19●運搬工程分析の基本記号

記　号	名　称	説　　　明
⌒	移　動	品物の位置の変化
⌓	取扱い	品物の支持法の変化
◯	加　工	品物の形状の変化と検査
▽	停　滞	品物に何の変化も起こらない

出所：日本MH協会編『マテリアルハンドリング便覧』日刊工業新聞社

図表4-2-20●台記号

記　号	説　　　明	読み方	活性示数
——	床、台などにバラに置かれた状態	平（ひら）	0
⌴	コンテナまたは束などにまとめられた状態	箱	1
⊤⊤	パレットまたはスキッドで起こされた状態	枕	2
◦◦	車に載せられた状態	車	3
⌷	コンベヤやシュートで動かされている状態	コンベヤ	4

出所：日本MH協会編『マテリアルハンドリング便覧』日刊工業新聞社

図表4-2-21●移動線

表現法	物	人	運搬具
単　色	－	…	━－━－
多　色	黒	赤	青

出所：日本MH協会編『マテリアルハンドリング便覧』日刊工業新聞社

図表4-2-22●操重記号

区　分	記　号	説　　　明
積　み	⌒	取り扱いの際に物を積むか、降ろすかを区分する
降ろし	⌒	

出所：日本MH協会編『マテリアルハンドリング便覧』日刊工業新聞社

図表4-2-23●運搬工程分析の例

距離（m）	時間（分）	記号	記　　事	重　量		
				正味(kg)	運搬具(kg)	合計(kg)
…			旋盤1の所へ			
	2		旋盤1の所（床）	100	—	100
	120	▽				—
			10回（旋盤）	100		100
	180		旋　削			
			10回旋盤1の所（床）	80	—	80
	3	▽				—
	2			80	—	80
20	1		検査台へ	80	—	80
	2		検査台（台上）	80	—	80
	120	▽				—
	30	○	寸法検査			—

　品物や作業者がどのような工程系列をたどったか。それぞれの記号の回数、移動距離、時間など。

2）停滞や手待ちの情報として

　品物が何もされず置いてある状態、あるいは作業者が何もしないでいた状態の回数や時間など。

3）移動、取扱いの情報として

　品物が製品化されるまでのプロセスでどのような経路を通過したか、その距離や時間。取扱いの内容や活性示数の値。

4）加工の情報として

　品物がどのような加工をされたか、その回数と時間。作業者がどのような作業をしたか、その回数と時間。

　これらの情報を検討することにより、現在の生産プロセスを円滑に行えない障害要因や問題点の発見や、これらの問題点を改善するための手がかりを見いださなければならない。まずは停滞、手待ちを含めた非生産的な工程を見いだし、それをなくすことが重要である。

　分析表における個々の記号に対しては、本節■ (2) Ⅳに記述するECRSの原則（改善の原則）や５Ｗ１Ｈの原則を適用する。また、個々の分析表に対するチェックリストの適用がある。図表４-２-24には、製品工程分析に対するチェックリスト、図表４-２-25には、作業者工程分析に対するチェックリストを示す。これらのチェックリストはECRSの原則をもとに作成されたものである。

図表４-２-24 ● 製品工程分析の改善着眼点チェックリスト

工程	排　除	結　合	交　換	簡素化
全体	やめられる工程はないか	同時に行うことのできる工程はないか	工程の順序を入れ替えたらどうか	できるだけ簡素な流れにできないか
加工	設計変更してその加工を省略できないか	他の工程と一緒にできないか	加工の順序を変えたらどうか	能力向上の設備改善はできないか
運搬	配置を変えて運搬をなくせないか	加工しながら運搬できないか	配置を変えて距離を短縮できないか	運搬ロットを大きくして運搬回数を減らせないか
停滞	配置を変えて停滞をなくせないか	停滞のときに検査したらどうか	工程の順序組み合わせを変えて停滞をなくせないか	停滞回数を減らせないか 停滞時間を短縮できないか
検査	省略できる検査はないか	加工しながら検査したらどうか 質・量の検査を同時にしたらどうか	検査の順序を変えたらどうか	検査回数を減らせないか 検査時間を短縮できないか

出所：渡邉一衛編『IEr養成コース入門コーステキスト』日本IE協会

図表4-2-25 ●作業者工程分析の改善着眼点チェックリスト

ステップ	改善のためのヒント	簡素化するために
全 体	全体の作業プロセスはいかなる目的に対する手段か	別の作業プロセスで目的を達せられないか
作 業	(1) 不必要な作業として (2) 新しい設備や別の設備を用いることによって (3) 配置を変え、設備をうまくまとめることによって (4) 製品設計の一部を変えることによって	(a) 省略できないか (b) 軽減できないか (c) 組み合わせられないか
移 動	(1) 配置を変えることによって (2) 作業プロセスの順序を変えることによって (3) コンベヤその他の機材を使うことによって	(a) 省略できないか (b) 軽減できないか (c) 組み合わせられないか
手待ち	(1) 作業プロセスの順序を変えることによって (2) 配置を変えることによって	(a) 省略できないか (b) 軽減できないか (c) 組み合わせられないか
検 査	(1) 不必要な検査として (2) 検査によって得た情報をあとで活用しやすくすることによって (3) 作業プロセスの最も適当な順序のところで検査することによって (4) 全数検査を抜取検査にすることによって	(a) 省略できないか (b) 軽減できないか (c) 組み合わせられないか

出所：渡邉一衛編『IEr養成コース入門コーステキスト』日本IE協会

　運搬工程分析については、運搬活性示数に着目し、この値を縦軸に、分析のステップを横軸にとって描いた運搬活性分析図を用いることができる（→図表4-2-26）。運搬に対して活性示数は高いほどよいから、このグラフの上のほうがよいことになる。このことから、できるだけ運搬活性が下がらないようにして運搬・移動することが重要であることがわかる。

（2）動作研究

I　動作研究の考え方とねらい

　動作研究とは、「作業者が行う作業を構成する動作を分析して、最適な

図表4-2-26 ● 運搬活性分析図の例

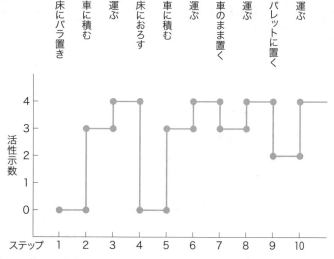

出所：日本MH協会編『マテリアルハンドリング便覧』日刊工業新聞社

作業方法を求めるための手法の体系。注釈１　動作研究手法には、人間の行う動作順序に従ってサーブリッグ記号で記録する微動作分析（サーブリッグ分析法）、対象作業を撮影し記録するビデオ分析などがある」（JIS Z 8141：2022-5206）と定義される。動作研究には、モーションマインドという考え方がある。モーションマインド（motion mind ＝ 動作意識）とは、「作業方法又は動作方法について、その問題点が判断でき、より能率的な方法を探求し続ける心構え」（JIS Z 8141：2022-5304）と定義される。動作意識は、無意識に動作を把握し、かつ熟知している動作経済の原則（→本節 **1** (2) Ⅳ）に照らして動作の設計・改善・確立が検討できるように訓練された人の能力である。この能力の訓練をするには、対象作業を撮影し、フィルム・ビデオ・電子媒体などに記録し、記録された映像を詳細に分析し、その結果を図表化し、種々の原則を適用して問題点を見いだし、改善の方策を検討するといった一連の手順から構成されるマイクロモーション分析が役立つ。

動作意識に基づく行動は、以下の3段階に要約される。

① 動作の違いに気がつくこと（差異の発見）

② 動作の違いを明らかにして、よい動作を判断できること（差異の解析）

③ よい動作をつくること（改善）

差異の発見には、複数の代替案の相互比較から得られる場合と、動作経済の原則や既知のよい動作との比較で得られる場合がある。差異の解析では、動作の違いを正しく記述することと、動作の内容を客観的に判断できることが重要である。改善では、最もよいと判断される動作を記述し、提案できることが必要となる。

Ⅱ 動作分析の方法

記号により動作を時系列に沿って記録する分析手法には、両手動作分析とサーブリッグ分析がある。ここでは、動作分析の代表的な手法であるサーブリッグ分析を取り上げ、その分析方法について述べる。

サーブリッグ（Therblig）分析は、20世紀初めにギルブレス夫妻（F. B. Gilbreth & L. M. Gilbreth）によって開発された手法であり、その名称は英文字のつづりからわかるように、Gilbrethの逆つづりである。サーブリッグ分析では、あらゆる動作に共通な手や目の動きを、図表4-2-27に示す18個に分類整理して記号により表現できるようにしたものである。サーブリッグとは、「人間の行う動作を目的別に細分割し、あらゆる作業に共通であると考えられる18の基本動作要素に与えられた名称」（JIS Z 8141：2022-5208）と定義される。サーブリッグは、もともとはギルブレスが形状から意味がわかるように作成した記号で表現していた。しかし、これらの記号はパソコン等において標準となる記号ではないため、外字登録の必要があり、略字により表されることが多い。サーブリッグの記号は、各記号で表現される動作の必要性に着目し、以下の3つに分類される。

○第一類──仕事をするうえで必要な動作

○第二類──第一類の動作の実行を妨げる動作

○第三類──作業を行わない動作

なお、第二類にある「見出す」という動作は目の動作であり、その前の「探す」の直後に表れる記号である。そのため、「探す」に含めて分析

図表4-2-27 ● サーブリッグ記号

分類	名 称		略字	記号	記号の意味
第一類	手を伸ばす	transport empty	TE		空の皿の形
	つかむ	grasp	G		ものをつかむ形
	運ぶ	transport loaded	TL		皿にものを載せた形
	組み合わす	assemble	A		ものを組み合わせた形
	使う	use	U		使う（use）の頭文字
	分解する	disassemble	DA		組み合わせから1本取り去った形
	放す	release load	RL		皿からものを落とす形
	調べる	inspect	I		レンズの形
第二類	探す	search	SH		眼でものを探す形
	見出す	find	F		眼でものを探し当てた形
	位置決め	position	P		ものが手の先にある形
	選ぶ	select	ST		指し示した形
	考える	plan	PN		頭に手を当てて考える形
	前置き	pre-position	PP		ボーリングのピンを立てた形
第三類	保持	hold	H		磁石がものを吸い付けた形
	休む	rest	R		人が椅子に腰掛けた形
	避けられない遅れ	unavoidable delay	UD		人がつまずいて倒れた形
	避けられる遅れ	avoidable delay	AD		人が寝た形

出所：日本経営工学会編『生産管理用語辞典』日本規格協会

する場合があり、17個の記号から構成されるとする場合もある。

図表4-2-28は、サーブリッグ記号の出現順序のモデルである。第一類の出現順序の基本的なパターンとして、「手を伸ばす」→「つかむ」→「運ぶ」→「組み合わす」「分解する」「使う」「調べる」→「運ぶ」→「放す」がある。「つかむ」は対象物を手のコントロール下に入れる動作であり、「放す」は逆に手のコントロール下から対象物を外す動作である。

図表4-2-28 ● サーブリッグ記号の出現順序

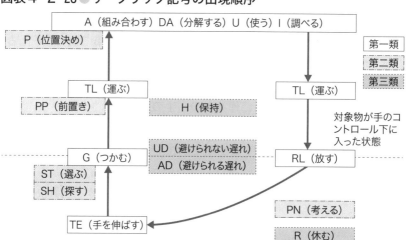

第一類は仕事をするうえで必要な動作として8つに分類されるが、特に「組み合わす」「分解する」「使う」の3つの動作は、対象に変化を与える最も価値を生む動作であり他の動作と区別して検討する必要がある。

第二類はそれに付随して表れる。「探す」「選ぶ」は「つかむ」前に行われる。「前置き」は次の動作を行いやすくするために行う動作で、「運びながら」行われることがある。そのような場合には、TL＋PP（もち直しながら運ぶ）というように1つのステップで示される。「位置決め」は、対象物間の軸の方向をそろえる動作であり、「組み合わす」直前の段階で起きることが多い。なお、図表4-2-28では「見出す」を省略している。

　第三類の動作は、基本的には何もしない動作であり、いずれも対象物に働きかけて何かをするわけではない。「保持」は、対象物をもったままでいる動作であり、「位置決め」や「組み合わす」「分解する」「調べる」ときの相手の手の動作として起きることが多い。「遅れ」には2種類の動作が用意されている。動作を起こそうとしてできるのに行わない場合は、「避けられる遅れ」であり、動作を起こそうとしてもできずに待っている場合には「避けられない遅れ（手待ち）」と分析される。対象物をもったままもう一方の手が来るのを待っている状態は、「保持」あるいは「避けられない遅れ（手待ち）」と分析する。どちらで分析するかは書籍により異なっており、いずれかに決めて統一的に表現する。第二類の「考える」と第三類の「休む」は通常の分析では出てこない。

　図表4-2-29に、サーブリッグ分析の事例を示す。分析表の左側に作業者の左手の動作を、右側に作業者の右手の動作が示されている。この例では、第1～第3ステップのように、片方の手が対象物をもってくる間、もう一方の手は「保持」で分析されている。先に示したように、この部分を、「保持」ではなく「避けられない遅れ」で分析してもよい。しかし、第5・第6ステップの「保持」は、もう一方の手が「位置決め」と「組立」であるため、「避けられない遅れ」とは分析しない。

Ⅲ　動作分析による改善の方向

　サーブリッグ記号ごとに改善の方向を考える。なお、改善の指針の1つである動作経済の原則については、本節**1**(2) Ⅳにあるので参考にしていただきたい。

　①　第一類に属す記号の検討

　これに属す記号は、できるだけ簡素化する方向で検討する。

　　○「手を伸ばす」「運ぶ」――距離を短くできないか。両手の移動を同時にできないか、シュートが利用できないか、滑らせることはできないか。

　　○「つかむ」「放す」――部品の形状・大きさは適切か、部品は取りやすく、置きやすくなっているか。

図表4-2-29 ● サーブリッグ記号による分析例

ウエルダーによる針スポット作業微動作分析表							
左　手			**左　手**	**目**	**右　手**	**右　手**		
番号	動作要素の内容	動素	左　手	目	右　手	動　素	動作要素の内容	番号
1	針を取りに行く	手を伸ばす				保　持	ウエルダーを保持しておく	1
2	針箱の中で選ぶ	運　ぶ				保　持	〃	2
3	針箱の中でつかむ	つかむ				保　持	〃	3
4	針をもち直しながら運ぶ	運ぶおよび前置き				運ぶ前置き	ウエルダーをもち直しながら運ぶ	4
5	針をウエルダーの先に位置決めする	位置決め				保　持	針を取り付けるため保持する	5
6	針をウエルダーの先に取り付ける	組み合わす				保　持	針を取り付けるため保持する	6
7	取り付けた後、手を放す	放　す				前置き	ウエルダーをもち直す	7
8	ウエルダーをつかみに行く	手を伸ばす				保　持	ウエルダーを保持しておく	8
9	ウエルダーをつかむ	つかむ				保　持	〃	9
10	ウエルダーをケガキ個所に運ぶ	運　ぶ				運　ぶ	ウエルダーをケガキ個所に運ぶ	10
11	ウエルダーを当てる	位置決め				位置決め	ウエルダーを当てる	11
12	保持し溶接の補助	保　持				使　う	溶接する	12
13	ウエルダーより手を放す	放　す				保　持	ウエルダーを保持しておく	13
14	分解補助のため板に手をもっていく	手を伸ばす				保　持	〃	14
15	板を押さえ分解の補助をする	保　持				分解する	ウエルダーを引き抜く	15
16	板より手を放す	放　す				運　ぶ	元の位置にもどす	16
17	次の針を取りに行く	手を伸ばす				保　持	ウエルダーを保持しておく	17
	以下繰り返し						以下繰り返し	

問題点および改善着眼点
① 針は5本程度まとめてもつ
② 針の頭をそろえてもてるよう、くし状スプーンを利用する
③ ウエルダーを上から吊る（うまくいくと両手作業になる）
④ 針を立てる方法はどうか
⑤ 針の入れものの工夫（ちり取りのような容器）

出所：藤田彰久『新版 IEの基礎』建帛社をもとに一部加筆

○「組み合わす」──ガイドは適切か、先端は細くできないか。

○「分解する」──ワンタッチでできないか、力をかけずにできないか。

○「使う」──工具の工夫はできないか、他の工具と組み合わせることはできないか。

○「調べる（検査する）」──調べる必要があるか、他の方法はないか。

② 第二類に属す記号の検討

これに属す記号はできるだけ排除する方向で検討する。

○「位置決め」──部品や工具の置き方が変えられないか、面取りできないか、治具を工夫できないか、ガイドが設置できないか。

○「探す」「選ぶ」──部品や工具を並べて供給できないか、1つずつ必要な方向で供給できないか。

○「前置き」──部品や工具の置く方向はよいか、作業順序に並べてあるか。

○「考える」──準備を行い、考える動作がなくならないか、考える目的は何か。

③ 第三類に属す記号の検討

これに属す記号はすべてなくすことが望ましい。

○「保持」──保持の治具が工夫できないか。

○「避けられない遅れ」「避けられる遅れ」──動作の順序を変えてこの遅れをなくせないか、なぜこの動作が発生したのか問題の原因を追求して改善する。

○「休む」──疲労が発生していないか、作業台や椅子の高さは用意できているか。

（3）時間研究

Ⅰ 時間研究の考え方とねらい

時間研究とは、「作業を要素作業又は単位作業に分割し、その分割し

た作業を遂行するのに要する時間を測定する手法」（JIS Z 8141：2022-5204）と定義される。作業方法を工程分析、作業分析、動作分析などによりステップに分割して示すことができても、分割されたそれぞれのステップの時間値が測定できなければ作業の計画や統制を実施していくことはできない。そこで、以下に時間研究のねらいを列挙する。

① 作業に含まれるムダの種類、長さ、相互関係を見いだし、ムダのない標準作業を設定する

② 単位作業あるいは要素作業ごとに、各作業の目的および作業時間やそのバラツキ（ムラ）を明確にする

③ その結果としての非生産的な要素作業の排除を図り、品質を満たし、安全でかつムリなくできる効率的な作業方法を見いだす

④ 治具、工具などの導入や改善を図る

⑤ その作業の遂行時間を決め、標準時間として用いる

⑥ 要員の適正配置を図り、要員の負荷のバランスをとる

⑦ 管理資料としてデータを蓄積し、標準時間設定の精度を向上させる

Ⅱ 時間研究の方法

1）時間研究に必要な道具

① ストップウォッチ法

直接時間測定法の1つであり、作業を観察してストップウォッチにより実測する方法である。ストップウォッチにはデジタル式とアナログ式の2種類がある。現在では、デジタル式が多く用いられており、測定データを一時保存できる機種もある。測定の単位として1分間を60に分割した秒単位のものと、100に分割したDM（Decimal Minute）単位のものがある。DMの単位で測定すると、秒単位で測定するより精度が上がることと計算が楽にできるという利点がある。ただし、DM単位のストップウォッチは、注文品であるため価格が高いが、現在はインターネットでも購入できる。

測定の方法として、継続法（スプリット測定とも呼ばれる）と早戻し法（スナップバック測定とも呼ばれる）が代表的である。継続法は、

ストップウォッチを止めずにステップの区切りの時刻を記録していき、測定が終わった後に各ステップの時間を計算して求める方法である。早戻し法は、ステップごとにストップウォッチを0に戻して、各ステップの時間を直接求める方法である。デジタル式では継続して観測しながら、ラップタイムを表示する機能をもったストップウォッチもあり、測定がしやすくなっている。

　作業の記録をとるための道具として、図表4-2-30に示した観測板がある。観測板のつりヒモを肩にかけ、腹に観測板を載せるようにすることで両手が空く。利き手が右手の場合には、分析用紙を観測板の左側のクリップに挟み、右手で記入することを容易にしている。このことから、観測板は肘の高さに固定しておくとよい。ストップウォッチを観測板の前方に多少傾かせて固定できるので、作業を観察しながら記録するときの視線移動が少なくなるように工夫されている。

② 　ビデオを利用した時間研究

　作業を撮影し、その後に測定する方法であり、IEの生まれた1890年

図表4-2-30 ● 観測板（右手用、単位：mm）

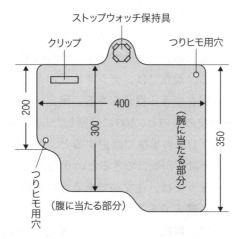

出所：日科技連FIE運営委員会編『IEによる職場改善実践コーステキスト』日科技連出版社

代からマイクロモーション分析の中で行われていた。当時は16mmなどのフィルムに記録していたが、技術の進展に伴い、ビデオテープから現在ではデジタルビデオへと変わっている。ビデオを再生しながら測定を進めていくが、画面に日付や時刻情報を載せて記録しておく必要がある。再生はスローやコマ送りで行い、要素作業の切れ目の時刻情報を分析用紙に記録する。ビデオに記録されている画面のフレーム数が表示されるビデオ機器を用いると、その値を時刻として換算でき、より正確なデータが取れる。通常のビデオ機器では1秒間に29.97フレーム分を記録していることが多く、約1/30秒単位で測定が可能である。この場合には、要素作業の区切りをよりきめ細かく決めておく必要がある。また、使用するビデオ機器にコマ送り機能や戻しながら再生できる機能があると測定の効率化が図れる。

2）測定方法

ここでは、ストップウォッチによる測定方法のうち継続法を中心にその手順を示す。

① 測定目的の確認と測定の細かさの決定

測定目的として、

ア 現行作業の平均作業時間やバラツキを知る

イ 現行作業の問題点を知る

ウ 複数の改善案の比較検討を行う

エ 標準作業が設定された後に、その標準時間を決める

オ 標準時間資料のデータを取る

等がある。時間測定のステップの細かさは、要素作業で行うことが多いが、問題点を把握する場合や標準時間の設定では単位作業の程度の細かさでも十分である。また、作業全体の時間のかかり方により、分単位、10秒単位、秒単位などのいずれにするかという、データの精度を決めておく必要がある。目的に沿って必要な精度の1/10の単位でデータを取り、四捨五入して目的に応じた精度を確保することが望ましい。

② 作業条件の調査

　作業条件の調査項目として、たとえば機械加工作業では以下のような４Ｍ（Man＝人、Machine＝機械、Material＝原材料、Method＝方法）に関連する項目を記録する。

　ア　設備——名称、機械番号、治工具、刃具、加工条件など
　イ　原材料——規格（品質、形状、寸法）、メーカー、品番など
　ウ　作業者——氏名、性別、年齢、作業熟練度など
　エ　加工方法——作業手順、作業のポイント、重点作業項目など
　オ　作業環境——照明、温度、湿度など
　カ　日時場所——年月日、時刻、職場など

　作業者については、標準時間の設定を目的とする場合には、初心者は避け、平均的な技術度と速さで行える作業者を選ぶ。作業の改善を目的とする場合には、熟練者と未熟練者を選んで比較することで、問題点や改善の方向がわかることがある。どの分析にも共通であるが、観測対象となる職場や作業者に趣旨を説明し、理解と協力を得る必要がある。

③　作業の分割

　作業の測定単位は、一般に要素作業の細かさである。連続した作業の流れを要素作業に分割するときの注意点を以下に示す。

　ア　一連の動作が同一目的の範囲内であること——たとえば、「ネジを取りに行き、つかんでもってくる」という作業は、まとめて「ネジをもってくる」という要素作業として区分けする。
　イ　手扱い作業と機械作業とを分ける——たとえば、機械加工で始動ボタンを押してから機械は加工処理に入るが、作業者は別の作業を行うことが多い。この場合には機械の処理の分析と、作業者の分析を分けて記録する必要がある。
　ウ　変数的な要素作業と定数的な要素作業とに分ける——たとえば、切削作業において、切削加工している時間は対象物により異なるが、ワークを機械へ取り付ける作業時間はどれも同じ程度の場合は、切削加工が変数的な要素作業であり、ワークの機械への取り

付けが定数的な要素作業となる。

エ　規則的な要素作業と不規則的な要素作業に分ける――たとえば、ネジを落としたので拾うという作業は、不規則的に発生する。したがって、ネジを拾う作業は繰り返し発生する規則的な作業とは別に記録する。

オ　測定がしやすい大きさに区分する――たとえば、2秒以下の要素作業が連続して行われる場合には、時刻を記録している時間が足りずに欠測になることがある。このような場合は、前後に引き続く作業と一緒にして測定せざるを得なくなる。一般に、要素作業は0.03分（1.8秒）を最小の時間間隔としている。

カ　わかりやすい区切りで分析する――どこからどこまでがその要素作業になるかという区切りの設定の際に、手の形や、音、光などを頼りにして要素作業を区分けすると、いつも同じ区切りができる。

④　測定

　図表4-2-31に、繰り返し作業を対象にした時間分析用紙と測定例が示されている。測定前にこの表の要素作業を作業順序に基づいて記入しておく。測定が始まる前にストップウォッチを動かしておき、分析対象となる作業が始まったときの時刻を、表の最上欄の（　）内に記録する。それ以降は、作業が終わった時点の時刻を順次対応する記録欄の下段に記録していく。この例では、分の単位は分が切り替わったときにだけ記し、同じならば分の単位は省略している。早戻し法で測定を行う場合には、時間値が直接得られるので記録欄の上段にその時間値を記入して下段は使用しなくてよい。この操作を必要サイクル数だけ行い、データを取得する。

　測定中に予定外の処理が発生した場合の対応について述べる。

ア　作業の切れ目の時刻が記入できなかった場合――記録できなかった時刻欄に「M」（ミスを意味している）の記号を記入しておく。区切りの時刻がわからないので、後に行われる集計ではその時刻

図表4-2-31 ● 要素作業の時間測定（シャフトの外径研削）

回数 要素作業	単位:1/100分（上段：個別、下段：読み）										合計 回数	平均	記事（改善 着眼など）
	1(53)	2	3	4	5	6	7	8	9	10			
1. 加工品をセンターに取り付ける	11	10	8	11	11	9	11	＊18	10	11	92	10.2	
	64	45	48	32	70	75	64	85	77	79	9		
2. 機械のボタンを押し、始動	9	8	9	9	9	8	8	7	9	8	84	8.4	
	73	53	57	41	79	83	72	92	86	87	10		
3. 外径研削(第1回)	169	183	174	183	172	173	176	177	174	179	1760	176.0	
	242	536	831	1124	1351	1656	1948	2269	2560	2866	10		
4. 砥石を戻す	19	20	18	21	20	20	19	22	20	19	198	19.8	
	61	56	49	45	71	76	67	91	80	85	10		
5. スナップゲージで測る	8	7	9	10	8	8	9	9	8	8	84	8.4	
	69	63	58	55	79	84	76	2300	88	93	10		
6. 外径研削(第2回)	37	46	30		54	34	34	34	35	36	338	37.6	
	306	609	88	↓	1433	1718	2008	34	2623	2929	9		
7. 砥石を戻す	18		19		20	22	20	19	＊32	19	137	19.6	
	24	M	907	↓	53	40	28	53	55	48	7		
8. スナップゲージで測る	7		9		8	8	8	9	9	7	65	8.1	
	31	36	16	↓	61	48	①36	62	64	55	8		
9. 加工品を外す	4	4	5	4	5	5	4	5	4	4	44	4.4	
	335	640	921	1159	1466	1753	2067	2367	2668	2959	10		
サイクル時間	282	305	281	＊238	307	287	314	300	301	291	2668	296.4	（整理欄）
											9		
例外①砥石のドレッシング						27							
						63							
例外②													
例外③													

M（ミス）：測定ポイントの見落とし
↓：要素作業が行われなかった
①（番号）：例外作業、不規則な要素作業が行われた
＊：データから外す

出所：渡邉一衛編『IEr養成コース入門コーステキスト』日本IE協会

の前後の作業時間データが欠測となる。後から類推してデータを
書き入れてはならない。

　イ　作業者が記されている作業をしなかった場合──抜かした作業
　の時刻欄に「↓」を記しておく。この場合には、該当する作業時
　間のみが欠測となる。

　ウ　作業者が予定外の作業（例外作業）を行った場合──例外作業
　の終了時刻を例外作業の記録欄の下段に記入しておく。作業内容
　を記していると次の作業の時刻も取れなくなってしまうので、作
　業内容は観測中で余裕のあるときか、観測終了後に記入する。こ
　の例では、7サイクル目の8番目の要素作業の次に例外作業を行
　ったので、8番目の欄には例外作業の①であることを記し、例外
　作業①の記録欄の下段にその例外作業の終了時刻を記入して、9
　番目の要素作業へ戻ったことが示されている。

⑤　集計

　図表4-2-31の各要素作業記録欄の下段にある値から、直前の要素
作業記録欄の下段にある値を引いて各要素作業の作業時間とする。④
に示された測定中のトラブルで欠測となるデータと、同じ要素作業で
の時間値を比較して異常値があればその値を徐外して平均値を計算す
る。この例では、除外したデータに「＊」印が記されている。場合に
より、バラツキを示す標準偏差やレンジ（最大値と最小値の差）を求
めておく。また、1リイクルごとの時間値も計算し、その平均値やバ
ラツキを検討する必要がある。

Ⅲ　時間研究による改善の方向

　作業時間の測定により、実績データが得られた。このデータを分析目
的に沿って検討していく必要がある。検討内容として以下のような項目
がある。

1）正味時間として用いる

　作業の正味時間として用いるときには次の方法がある。

①　平均値、中央値、最頻値などの代表値を用いる方法

② 最小時間を用いる方法

③ レイティング等により、作業者の作業ペースを考慮して用いる方法

レイティングとは、「時間観測時の作業速度を基準とする作業速度と比較・評価し、レイティング係数によって観測時間の代表値を正味時間に修正する一連の手続。注釈１　正味時間は、レイティング係数（rating factor）を用いて次の式で表される。

$$レイティング係数 = \frac{基準とする作業時間}{観測作業時間}$$

正味時間＝観測時間の代表値×レイティング係数」（JIS Z 8141：2022 -5508）と定義される。

たとえば、観測した作業が 標準的な作業ペース Key Word より10％程度速い場合には110とし、10％程度遅い場合には90とする。

２）改善の対象として検討する

個々の要素作業の時間値を求め、その平均値とバラツキの観点から改善の対象としてどの要素作業を選ぶかを決める。平均値の大きい要素作業やバラツキの大きい要素作業に着目するとよい。なぜ、バラツキが大きいのかという観点では、さらに詳細な動作分析を行うと効果的である。

Key Word

標準的な作業ペース──これには次のものがある。どちらも簡単に体験できるので、その感覚を身につけているとよい。

① 52枚のトランプカードを利き手でない手でもち、利き手で30cm四方の四隅に0.5分で配り終えるときの利き手の動作速度

② 荷物をもたないで、平坦な道３マイル（約4.8km）を１時間で歩行するときの歩行速度

また、ILO（国連の国際労働機関）では、標準ペースを、「しっかりした監督下にあって奨励給の刺激なしに働く平均的作業者の動作速度である。このペースは毎日の過度の肉体的・精神的疲労なしに容易に維持できるものであるが、かなりまじめに努力することを要するものである」と規定している。

また、比較の対象として、検討している要素作業と似た要素作業との比較や、作業者間の比較を行う方法もある。さらに、本節**1**(2)で述べたさまざまな改善の原則を適用するとよい。

3）最小値の利用

それぞれの要素作業時間の最小値となっている部分を取り出し、それを連続して実現できるようにする方法を考える。

（4）稼働分析

Ⅰ　稼働分析の考え方とねらい

稼働分析とは、「作業者又は機械設備の稼働率若しくは稼働内容の時間構成比率を求める手法。注釈1　稼働分析の代表的手法には、連続観測法と瞬間観測法とがある。注釈2　稼働率（ratio of utilization）は、作業者又は機械設備の働きぶりを示す指標」（JIS Z 8141：2022-5209）と定義される。稼働率は、次式により求められる（JIS Z 8141：2022-1237より）。なお、機械・設備を対象とする場合は、式の分母を利用可能時間で置き換える。

$$稼働率 = \frac{有効稼働時間}{就業時間} \times 100\,(\%)$$

連続観測法とは、「作業者又は機械設備の稼働状態を連続的に調査・分析する手法」（JIS Z 8141：2022-5210）と定義される。連続して分析するため、発生したすべての事柄を記録でき、徹底した分析が可能である。その一方で、1人の観測対象者に1名の観測者を必要とし、観測効率が悪い。また、始終観察されるので、観測対象者が通常とは異なった動きをしてしまい、信頼性が低くなる可能性がある。連続観測法では特に、通常の作業方法で作業をするように、作業者に協力を依頼することが大切である。

瞬間観測法とは、「作業者又は機械設備の稼働状態を行動分類に従い、瞬間的に観測して度数によって調査・分析する手法。注釈1　瞬間観測

法の代表的手法として、確率・統計理論に基づいて観測回数及び観測時刻を決めて観測を行い、観測項目の比率を推測するワークサンプリング法がある」（JIS Z 8141：2022-5211）と定義される。瞬間観測法は、1名の観測者が複数の観測対象を観測できるため、連続観測法と比較して労力が格段に少なくて済む。また、ときどき観測することにより、作業者が観測されているという意識をもたないため、ゆがみの少ないデータが得られる。一方、観測が連続して行われないため、連続観測法に比べて精度が落ちる。この点を補強するためには、観測回数を増やす必要がある。決められた手順に沿ってワークサンプリングを行えば、理論的な裏づけから測定精度を設定できるという特徴がある。

　稼働分析のねらいには、以下の項目が挙げられる。

　①　工場管理上の問題点の探求など定量的な手がかりをつかむ

　②　人または機械・設備の非稼働要因を検出して、これらを減少または排除する

　③　標準時間設定のための余裕率の設定

　④　適正な人員・規模・設備台数の決定

　⑤　より細かい分析が必要な問題がある箇所の発見

Ⅱ　稼働分析の方法

1）連続観測法

　この方法を適用するときには、1人ないし複数の作業者あるいは機械・設備を観測対象として選び、観測対象ごとに1名の観測者がつき、作業内容とその時間を記録していく。観測手順は先に述べた、作業者工程分析と同じでよい。図表4-2-32は、作業の切れ目の時刻と作業内容を順次記録する用紙を用いた例である。また、図表4-2-33は時間を縦軸にとり、表の右上欄にある作業分類に従い線の高さで作業内容を分類して示している。このような分類をして図を描くことにより、問題点が見いだしやすくなる。

2）瞬間観測法

　瞬間観測法としては、ワークサンプリングがその代表であり、最もよ

図表4-2-32●連続観測法の用紙──例1

稼 動 分 析 観 測 用 紙

用紙番号　6066-1

作　業　名　　販売一課受付　　　　観測年月日　○年○月○日

工場・職場　　販売一課　　　　　　観 測 時 間　　自9時00分
　　　　　　　　　　　　　　　　　　　　　　　　至5時00分

作　業　者　　○○○○

観　測　者　　○○○

時刻	継続時間(分)	作　業　内　容	摘　要
9:00	1	ポットで湯をわかし始める	
9:01	6	花びんの水をとり替える	
9:07	1	電話の応対	
9:08	8	お茶をいれ、スタッフに配る	
9:16	5	郵便物を配る	
9:21	10	コピーをとりにいく	
9:31	3	得意先よりの電話の応対	
9:34	20	上司と本日のスケジュールの打合せ	
9:54	15	前日の伝票を整理する	
10:09	12	書類を届けに庶務課へいく	
10:21	2	電話の応対	
10:23	2	来客を応接室に案内して、上司を呼びにいく	
10:25	2	来客にお茶をいれてもっていく	
10:27	1	電話の応対	

出所：千住鎮雄ほか『作業研究〔改訂版〕』日本規格協会を一部修正

く利用されている手法である。以下にその手順の概略を示す。

○手順1──観測の目的を明らかにする

○手順2──関係者、特に対象となる職場の関係者に十分な説明を行う
　　　普段どおりの作業で行ってもらうことが重要である。

○手順3──観測対象の範囲を決め、サンプリング対象の層別を行う
　　　統計的な理論に裏づけされていることから、サンプリングの対象

図表4-2-33●連続観測法の用紙——例2

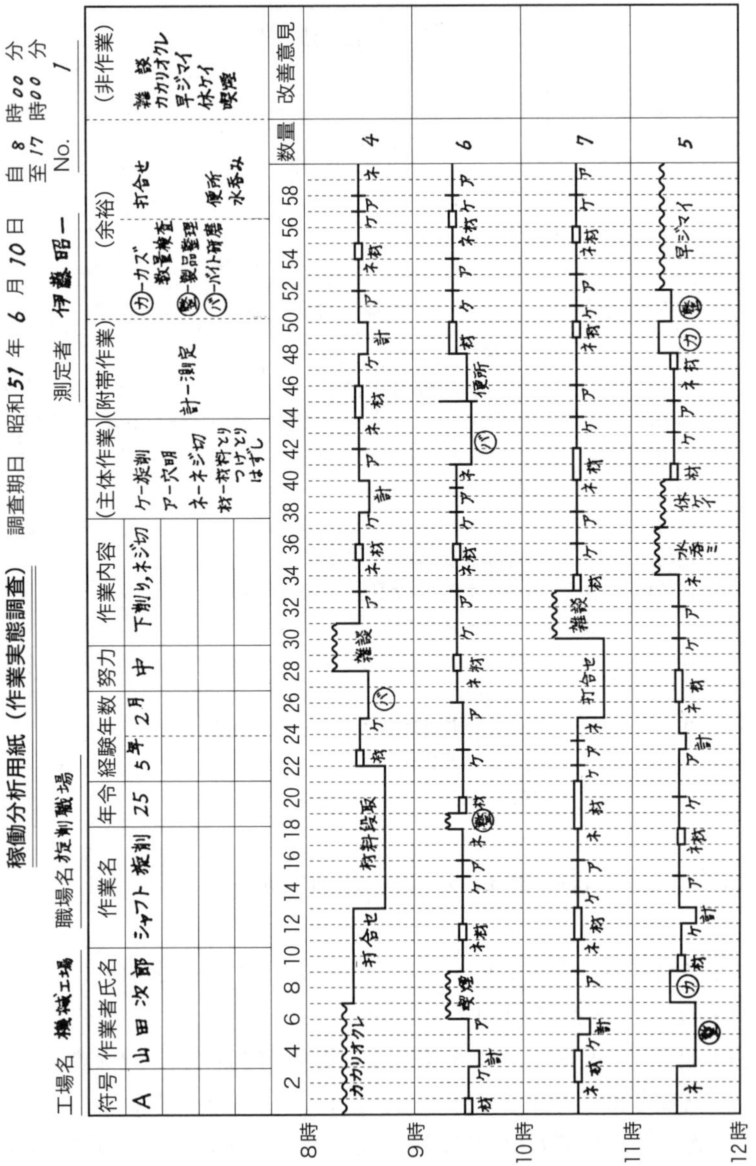

稼働分析用紙（作業実態調査）　調査期日　昭和 *51* 年 *6* 月 *10* 日　自 *8* 時 *00* 分　至 *17* 時 *00* 分

測定者　伊藤 昭一　No. *1*

工場名　機械工場　職場名 拔削職場

符号	作業者氏名	作業名	年令	経験年数	努力	作業内容	（主体作業）	（附帯作業）	（余裕）	（非作業）	数量	改善意見
A	山田 次郎	シャフト 拔削	25	5年 2月	中	下削り,ネジ切	ケ-拔削 ア-穴明 ネ-ネジ切 材-材料とり つけとり はずし	計-測定	カ-カス 数-数量検査 整-製品整理 パ-パトロ督査	打合せ 雑-雑談 カカリオカレ 早ジマイ 休ケイ 喫煙 便所 水呑み		

出所：藤田彰久『新版 IEの基礎』建帛社

となる母集団は同一のものであることを示す必要がある。

○手順4——観測項目とその分類方法を決める

　予備観測により、観測項目を把握し、その項目の分類を行っておく。たとえば、稼働（付加価値を生む作業）、準稼働（稼働状態を支援する作業であるが、改善を行ってなくしたい作業）、非稼働（付加価値を生まない作業）に分ける。また、主体作業、準備段取作業、余裕、休憩に分ける方法もある。これらの分類に沿ってさらに詳細な項目を列挙し、観測に行ったときに観測対象者が何を行っているかを瞬時にわかるようにしておく必要がある。

○手順5——必要なサンプル数を決める

　サンプル数を求めるときに、得られた値の誤差の範囲を決めておく必要がある。誤差には絶対誤差と相対誤差がある。真の値が40％のときに、絶対誤差を10％で設定すると、30％〜50％の誤差を許していることになる。

　一方、相対誤差が10％のときには、40％の10％すなわち、36％〜44％までを誤差範囲としていることになる。同じ誤差10％では、相対誤差のほうが絶対誤差よりも高い精度を要求することになる。

　必要なサンプル数は次式により求められる。なお、式の中で示されている記号について説明する。u は信頼度を決めると決まる値であり、通常は95％の信頼度であるため、$u = 1.96$、あるいはこの値をまるめて $u = 2$ としている場合がある。p は求めたい比率、観測項目の発生する割合である。e は絶対誤差、l は相対誤差をそれぞれ示している。

ア　絶対誤差（e）に基づく必要サンプル数（n）

$$n = \{u^2 \times p(1 - p)\} / e^2$$

イ　相対誤差（l）に基づく必要サンプル数（n）

$$n = \{u^2 \times (1 - p)\} / (l^2 \times p)$$

　p の真の値はわからないため、予備観測で得た比率をこの式の p に代入して n を求める。図表4-2-34には、$u = 2$ としたときの観

図表4-2-34 ● 観測誤差とサンプル数の目安

観 測 目 的	生起率 p %	絶対誤差 e %	相対誤差 l %	サンプル数の概数 N
予備調査				200〜400
管理的な問題点の調査 （停止、遊び、運搬など）	15 30	±3 ±3	（±20） （±10）	600 900
作業改善	30	±2	（±6.7）	2100
余裕率の決定	10 20 10 20	±2 ±2 （±0.5） （±1）	（±20） （±10） ±5 ±5	900 1600 14400 6400
正味作業時間の決定	80	（±1.6）	±2	2500
要素作業の正味時間決定	10	（±0.5）	±5	14400

出所：渡邉一衛編『IEr養成コース　入門コーステキスト』日本IE協会

測誤差とサンプル数の概数を示している。

○手順6——観測日数と1日の観測回数を決める

　本観測で必要なサンプル数は、手順5で得られたnから予備観測で取ったデータ数を差し引いて求める。1日の観測回数（1日のうちで何回観測に行くか）については、次式により求められる。

　　　1日の観測回数＝本観測で必要なサンプル数／（観測対象者数×観測日数）

○手順7——観測時刻を設定する

　1日の中での観測回数は決定できたが、どのようなタイミングで回ればよいかは決まっていなかった。タイミングはランダムに設定しなければならない。そのため、図表4-2-35に示すランダム時刻表が用いられる。たとえば、1日20回観測しに行くことを考える。対象とする時間帯は、9時〜17時であり、12時〜12時45分が昼食であると仮定する。まず、表の第1列〜第5列の中でどの列の値を用いるかを決める。各列の左側が時刻を選ぶ順序、右にサンプリン

図表4-2-35 ●ランダム時刻表（例）

10時間　40回用

1		2		3		4		5	
38	0.01	4	0.04	21	0.28	14	0.01	25	0.03
9	05	33	23	22	36	32	15	38	08
16	17	13	44	14	44	2	23	18	15
32	28	26	50	40	52	27	30	23	55
20	43	9	1.18	29	58	7	41	28	1.18
18	1.01	34	30	26	1.15	26	50	22	36
29	25	22	37	18	20	18	1.12	16	47
25	53	17	49	6	35	13	32	40	56
26	2.06	7	2.04	25	38	28	52	7	2.07
3	09	36	26	1	2.15	10	2.06	4	19
6	13	16	31	34	30	20	10	31	36
35	23	38	44	3	36	38	26	6	55
22	47	19	55	39	46	29	43	32	3.02
30	3.03	30	3.17	12	56	31	57	21	10
8	06	28	29	5	3.32	16	3.06	29	23
10	20	12	40	38	37	15	15	9	29
13	34	2	4.01	36	50	34	17	27	38
1	4.16	14	18	13	59	17	28	3	4.02
14	54	5	38	31	4.11	36	30	17	14
40	5.07	23	48	8	45	33	42	30	51
2	34	32	56	7	50	5	4.05	36	5.12
28	38	40	5.17	2	5.05	24	32	26	30
7	45	20	27	35	14	35	5.09	1	40
11	6.10	21	56	33	33	21	38	35	50
4	56	35	58	11	46	40	47	5	6.01
21	7.02	1	6.28	15	50	30	6.08	37	10
15	12	39	39	23	6.05	9	37	10	19
34	18	3	48	32	12	19	48	24	27
17	22	24	51	37	29	12	7.00	8	43
31	28	15	52	19	30	37	08	19	7.25
12	30	8	7.23	20	38	8	21	20	34
5	49	31	26	16	7.15	4	24	33	8.04
27	8.01	27	38	27	34	25	44	34	06
37	20	18	8.07	28	50	6	8.01	39	10
23	34	10	12	10	8.19	23	29	14	15
19	45	11	27	4	27	39	41	12	45
36	59	37	45	9	30	22	50	13	9.10
39	9.05	25	9.07	30	9.06	11	53	11	18
24	22	6	19	24	29	3	9.35	15	25
33	46	29	52	17	45	1	56	2	48

グの時刻が示されている。最も上にある時刻を9時台の時刻とし、以下1は10時台というように換算して用いる。17時までの観測であるので、表の7まで用いる。昼食時間の12時～12時45分は、観測対象に含まれないのでその時刻は外して、合計15個の時刻を、左欄の数値の小さい順に取り出し、サンプリングのタイミングが決まる。ここでは第1列の値を用いるとする。この列では、1番～20番まで選ぶと、昼食時に3個、17時以降に1個の時刻があるので、その4個は観測できない。そこで、新たに21番～24番を追加する。これらの時刻を確認すると、17時以降に2個の時刻があるので、さらに25番、26番を追加する。すべて観測時間内であるため、20個の観測時刻が決定される。

○手順8——測定経路を決定する

サンプリングごとに同じ経路を使用して観測する。

○手順9——観測用紙を決める

図表4-2-36および図表4-2-37に観測用紙の例が示されている。前者は稼働、準稼働、非稼働かを調査するための表である。後者は準備・後始末、主作業、余裕、非作業の4つに大きく分類し、その中をさらに項目別に分類している。事前に項目を分類しておくと集計が楽になる。

○手順10——観測者を決める

観測対象の数が多いときには2名以上で観測する必要が出てくる。そのような場合には作業内容がよくわかる観測者が必要である。

○手順11——サンプリングの実施（本観測）

サンプリングを実施し、手順5において予備観測のデータから求めた発生率pの値を計算しなおす。この結果、設定した誤差範囲に入っていればサンプリングを中止する。しかしながら、誤差範囲に入っていない場合には、予備観測と観測で得られたデータ全体における発生率pの値を用いて新しいnを求める。この値から予備観測と本観測で観測したデータ数を差し引いた数だけ追加観測を行う。

図表4-2-36 ● ワークサンプリング観測用紙──例1

めっき工場 　　　　　　　　　　　　　　　　　　　　　　分析対象　5人

項　目	区　分	サンプル数	合計数	％
ふるい分け	稼　働	### //	7	2.8
空箱の運搬	準稼働	### ### ### ### /	21	8.4
材料台車の移動	準稼働	//	2	0.8
製品台車の移動	準稼働	//	2	0.8
記　帳	稼　働	////	4	1.6
材料運搬	準稼働	### ### ### ### ///	23	9.2
水（ホース）洗い	準稼働	### ////	9	3.6
乾燥後の製品の運搬	準稼働	### ### ////	14	5.6
重量チェック	準稼働	### /	6	2.4
製品取り出し	準稼働	### //	7	2.8
着　色	稼　働	### ////	9	3.6
空バケツ洗浄	準稼働	### //	7	2.8
乾燥機への投入	準稼働	### ///	8	3.2
素材投入およびチェック	稼　働	### ///	8	3.2
打ち合わせ	準稼働	### /	6	2.4
手待ち	非稼働	### //	117	46.8
			250	

出所：吉本一穂『生産現場の設計・管理・改善』東神堂、2000年

○手順12──集計

　項目別に発生数を求め、観測総数で除して発生率を求める。

　必要に応じて、グラフ化してわかりやすく表現する。

Ⅲ　稼働分析による改善の方向

　観測期間が長く、観測回数が十分に多い場合には、理論を当てはめて発生率の誤差の範囲でよいデータが得られていると考えられる。しかし

図表4-2-37 ● ワークサンプリング観測用紙──例2

WS観測用紙	職　場：第3機械	No. L10-3
日　付：	工　程：施削	
分析者：	作業者：12人	

	観測項目 / 観測時刻	9・05	9・17	9・43	10・01	10・53	11・06	11・09	11・13	11・47	16・49	計	%
準備・後始末	治工具準備	///	/						//	/		12	5.0
	バイト研磨	/				/						6	2.5
	点検	//						/				5	2.1
	部品運搬	/		/		/	/				//	8	4.2
	清掃（機械回り）	/	/		/						///	11	4.6
													(18.4)
主作業	取付・取外	/	//	/	//		//		/		/	23	9.6
	切削		////	///	/	//#	//	///		//		56	23.3
	機械手扱い		//	/				/	///	/		32	13.3
	検査・計測			/								11	4.6
	監視		/						//			15	6.3
	取り・置き		/									18	7.5
													(64.6)
余裕	朝礼・会議	/					/					3	1.3
	打ち合わせ	//		/				/				10	4.2
	指示待ち							/				3	1.3
	クレーン待ち			/			/					4	1.7
	図面読み							//				6	2.5
	保守・調整											0	0
	用達			/							//	10	4.2
													(15.2)
非作業	歩行（用のない）				/							2	⎫ 2.9
	無駄話						//					4	⎬
	不在							/				1	⎭
	計	12	12	12	12	12	12	12	12	12	12	240	100.0

注）観測時刻は図表4-2-35の第1列を用いており、手順7に従って得られた値に変更している。

出所：横溝克己他『あたらしいワーク・スタディ』技報堂出版、1987年

ながら、特に短期間でデータを取った場合には、作業者が観測を意識してしまい、通常の作業とは異なる作業を行っていることがあるので、再確認する必要がある。

図表4-2-38●稼働分析に関するチェックリスト

対象とする値	改 善 の 方 向 性
全体の比率について	他の部門と比較して差はないか
	余裕時間や除外作業の比率は多くないか
作業時間比率について	主作業の比率の変動が多くないか
	日によってあるいは1日の中で変動はしていないか
	分業や流れ作業ができないか
	主体作業を中心にして改善できないか
	作業指示は適切に行われているか
	出来高曲線は変動していないか、その理由はなぜか
余裕時間比率について	余裕率は適切な値となっているか
	余裕率の内訳はどのようになっているか、適切か
	手待ちが発生していないか、その原因は何か
	ライン作業者の運搬の比率が多くないか
	部品置き場は適切か、遠くないか、取り出しやすいか
	作業環境に問題はないか
	工具や図面の管理は適切に行われているか
	打合せやクレーム処理が多く発生していないか
	ゴミの回収が適切に行われているか

出所：渡邉一衛編『IEr養成コース入門テキスト』日本IE協会をもとに修正

　集計結果に対して、改善の原則（ECRSの原則）や5W1Hの原則（→本節**1**(2)Ⅳ）を適用して改善のヒントを得たり、図表4-2-38に示すチェック項目を適用して改善の方向性を探る。

（5）連合作業分析
Ⅰ　連合作業分析の考え方とねらい

　連合は、たとえばサッカーやバスケットボール、アーティスティックスイミングなどの団体競技のように、それぞれが独立部分をもちながら相互に関係づけられ、全体として1つの目的を志向している状態をいう。連合作業は、たとえば、旋盤を用いてワークの切削を行う場合や大きい荷物を2人で運ぶときのように、人と機械、あるいは2人以上の人が連

合して行う作業である。このような連合作業を対象にした分析を、連合作業分析といい、「人と機械、又は二人以上の人が協同して作業を行うとき、その協同作業の効率を高めるための分析手法。注釈1　連合作業分析は、人と機械との組合せを対象とした人・機械分析、及び人と人との組合せを対象とした組作業分析とに大別される」（JIS Z 8141：2022-5212）と定義される。

　連合作業分析は複式活動分析とも呼ばれ、単位作業または要素作業の程度の細かさで仕事を分解して分析することが多い。時間軸の中で、作業者や機械・設備がそれぞれどのような動きをしているか、どのような協同関係にあるかを図に示し、その効率を高めるために用いる。以下に、代表的な連合作業の例を挙げる。

1）1人1台もち作業

　1人の作業者が1台の機械を対象にして作業を行う場合であり、手扱い機械作業に多い。自動機械の場合、作業者は原材料の機械への取り付け、加工後の原材料の取り外し、機械の始動ボタン押しなどの作業は連合作業となる。しかし、加工中には監視作業となり、その間に原材料の整理や検査などを行うこともあるが手待ちが発生しやすい。

2）複数台もち作業

　複数台もち作業は、1人または2人以上の作業者が複数台の機械を受けもって行う作業のことである。作業者の機械のもち台数を増やすと、作業者の作業効率は高くなるが、機械の稼働率が落ちることが多くなる。機械台数を減らすと、逆に作業者の稼働率が落ちることが多くなるため、このトレードオフをいかに解消するかがポイントとなる。なお、作業者が複数台の機械を受けもつときに、ある機械の原材料の着脱や調整などの作業を行っている間に、他の機械が停止または空転の状態になることを、機械干渉という。

3）多工程もち作業

　作業工程の流れに沿って、作業者が複数の工程あるいは異なる機能をもつ機械を受けもって行う作業のことを、多工程もち作業と呼ぶ。組立

作業の場合には、特に機械は用いなくても複数工程を受けもち、たとえば始めの工程から最終工程までを受けもついわゆるセル生産もこの作業方法の1つである。機械加工の場合には、複数の異なる機械を受けもつことが多く、対象物が順次加工されていき、作業者はその間のワークの着脱・移動を担う。これらの機械での加工時間は通常異なるため、ボトルネックとなる機械をあそばせることなく処理を進めていくことがポイントとなる。

4）組作業

　複数の作業者がグループを構成し、同時並列的に協同して同一の対象物に対して作業を行う方式である。各作業者の受けもちの作業量や作業間のつながりの関係から手待ちが発生しやすい。このため、各作業者が担当している作業の関連を正しく把握し、手待ちが出ないように作業を進めていくことと作業の標準化を図ることがポイントになる。

　連合作業分析のねらいには、以下のようなものがある。
① 連合効率を妨げている要因を発見する
② 機械の停止、作業者の手待ちのタイミングを把握し、改善する
③ 機械のもち台数を検討する
④ 準備段取作業の改善をする
⑤ 機械の改良や自動化、レイアウトの改善の方向性を見いだす
⑥ 作業者の負荷のアンバランスを見いだし、改善する
⑦ 作業者の作業配分の検討をする

Ⅱ　連合作業分析の方法

連合作業分析の進め方は以下の手順による。
○手順1——分析の目的と対象の明確化
　　連合作業分析を行う目的と、どの作業を対象にして分析を行うかを決める。
○手順2——作業関連図の作成
　　図表4-2-39に示すような、作業関連図を作成する。この作成方

図表4-2-39 ● 作業関連図の例（数値は作業時間：分）

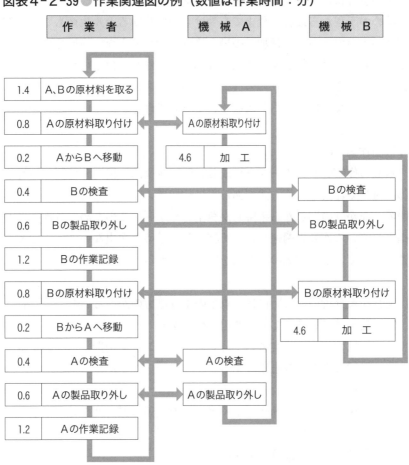

法は以下のとおりである。

ア　作業者や機械の作業を要素作業あるいは単位作業により分割
する。

イ　分割された１サイクル分の作業を現状の作業順序に従い図示
する。

ウ　作業者と機械、作業者間の連合作業を←→により結ぶ。

図表４-２-40 ●連合作業分析での作業の分類

区分	記号	作業の特徴
単独作業		他の作業者や機械に関係しない作業 （機械の場合は自動運転）
連合作業		他の作業者や機械との協同作業で、相互に拘束を受けている作業
待ち （手待ち、あそび）		他の作業者や機械が別の作業を行っているために生じた待ち

出所：渡邉一衛編『IEr養成コース入門テキスト』日本IE協会を一部修正

○手順３──作業時間の測定

　ストップウォッチやビデオ分析により、作業時間の測定を行う（→ **(3)**「時間研究」）。得られた時間値を作業関連図に記入しておくとよい。

○手順４──連合作業分析表の作成

　縦軸に時間、横方向に作業者や機械をとり、作業関連図に示された順序で、作業時間の長さに応じて作業を図示する。連合作業が各機械や各作業者に対応して横に同じ長さで示されていることが重要である。分析表の記号の欄には、図表４-２-40に示すように、作業を単独作業、連合作業および待ち（手待ち、あそび）の３種類に分類して表す。図表４-２-41には、先に示した作業関連図に基づいた連合作業分析の例を示す。

　作業者と機械の連合作業を分析した図はマンマシンチャート、作業者どうしの連合作業を分析した図はマンマンチャートあるいはマルチマンチャートと呼ばれる。

○手順５──改善案の作成

　次項に述べる改善の方向に沿って改善案を作成し、連合作業分析表に表し総括表にまとめる。図表４-２-42では、図表４-２-41の現状作業に対して、検査作業を外段取化（機械またはラインを停止しないで行う段取）し、作業順序を変更し移動を減らした。特に、繰

図表4-2-41 ●連合作業分析表の例（現状）

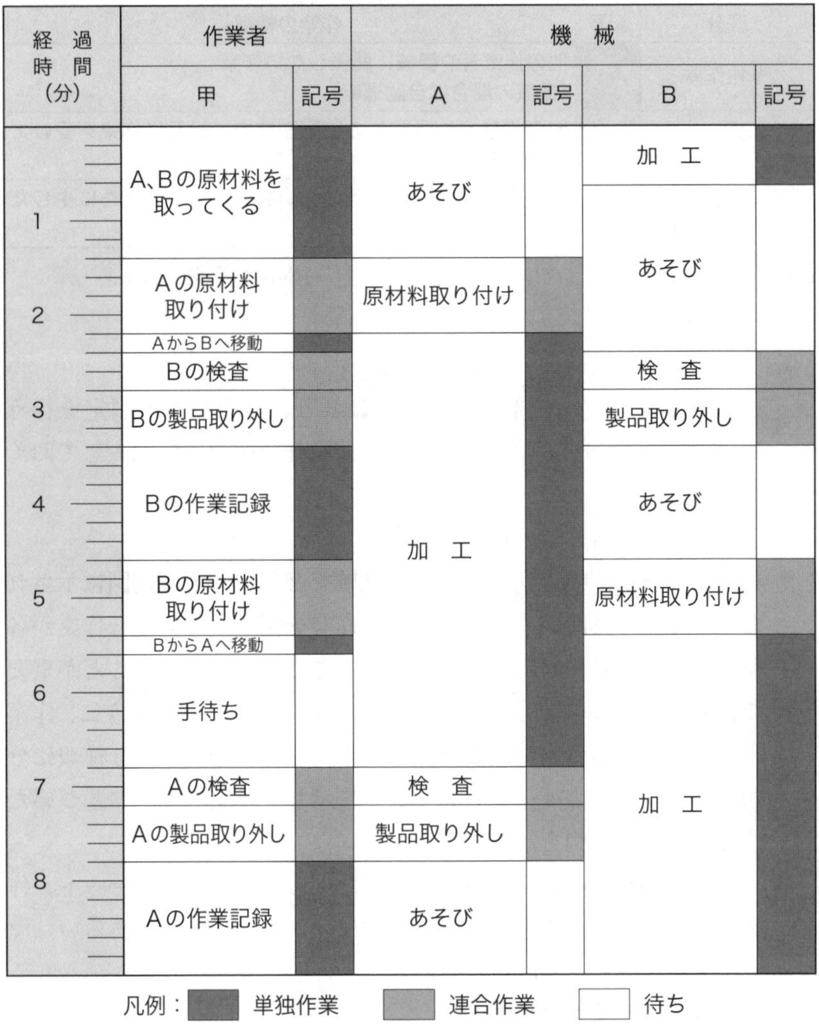

経過時間（分）	作業者		機械			
	甲	記号	A	記号	B	記号
1	A、Bの原材料を取ってくる		あそび		加 工	
					あそび	
2	Aの原材料取り付け		原材料取り付け			
	AからBへ移動					
3	Bの検査				検 査	
	Bの製品取り外し				製品取り外し	
4	Bの作業記録				あそび	
5	Bの原材料取り付け		加 工		原材料取り付け	
	BからAへ移動					
6	手待ち					
7	Aの検査		検 査		加 工	
	Aの製品取り外し		製品取り外し			
8	Aの作業記録		あそび			

凡例： ■ 単独作業　　■ 連合作業　　□ 待ち

出所：日本経営工学会編『生産管理用語辞典』日本規格協会を一部修正

り返しのパターンを現状より改善した。図表4-2-43は現状と改善の総括表である。現状作業と比較し、改善作業は全体のサイクルが

図表4-2-42 ●連合作業分析の例（改善）

経過時間（分）	作業者		機械			
	甲	記号	A	記号	B	記号
1	Aの製品取り外し		製品取り外し		加工	
	Aの原材料取り付け		原材料取り付け			
2	Aの検査		加工			
	Aの作業記録				あそび	
3	AからBへ移動					
	Bの製品取り外し				製品取り外し	
4	Bの原材料取り付け				原材料取り付け	
5	Bの検査					
	Bの作業記録				加工	
6			あそび			
7	A、Bの原材料を取ってくる		あそび			

凡例： ■ 単独作業　■ 連合作業　□ 待ち

図表4-2-43 ●総括表の例

作業	作業者：分（%）		機械A：分（%）		機械B：分（%）	
	現状	改善	現状	改善	現状	改善
単独作業	4.2 (47)	4.6 (62)	4.6 (51)	4.6 (62)	4.6 (51)	4.6 (62)
連合作業	3.6 (40)	2.8 (38)	1.8 (20)	1.4 (19)	1.8 (20)	1.4 (19)
待ち	1.2 (13)	0.0 (0)	2.6 (29)	1.4 (19)	2.6 (29)	1.4 (19)
合計	9.0(100)	7.4(100)	9.0(100)	7.4(100)	9.0(100)	7.4(100)

図表４-２-44 ● 改善の着眼点

分析対象	分析結果	着眼点
作業者と機械	作業者、機械とも待ちがある	順序の交換 連合作業の改善 片方に手待ちがない案にする
	作業者に手待ちがある	自動運転時間の短縮 担当する機械台数の見直し 自動運転中に別の仕事を行う
	機械にあそびがある	作業者の単独作業時間の短縮 手扱い作業の機械化
	作業者、機械ともに待ちがない	作業者、機械とも作業の改善
作業者と作業者	手待ちがある	作業分担の変更 作業手順を変える 作業を平行化する
	手待ちがない	各作業の改善

出所：渡邉一衛編『IEr養成コース入門テキスト』日本IE協会を一部修正

1.6分短縮され、18％の改善がなされた。また、現状作業にあった手待ちがなくなった。機械のあそびも1.2分短縮した。作業者の単独作業である作業記録は、機械Aと機械Bの両方に共通であり、また最も長い作業時間でもあるため、この改善を行うと、機械のあそびを直接的に減らすことができる。連合作業である「製品取り外し」と「原材料取り付け」の改善を行うと、機械のあそびは減らないが、サイクルタイムを削減する効果がある。

Ⅲ 連合作業分析による改善の方向

図表４-２-44に改善の着眼点を示す。分析図表別に、いずれの対象に手待ちがあるかにより改善の着眼点が分類されている。対応した方向に進まないと不要な手待ちやあそびが発生・増加してしまう。図表４-２-45には連合作業分析における改善・検討の進め方を示している。ステップ１として、作業の組み替えだけで改善目標を達成できるような案を検討する。改善目標を達成できなかった場合には、ステップ２として作業

図表4-2-45 ● 改善・検討の進め方

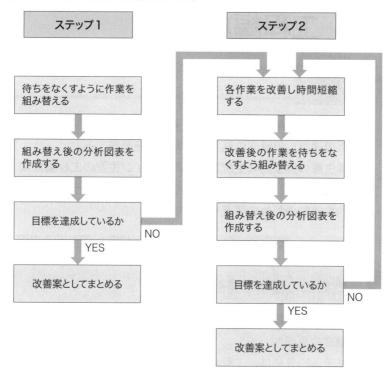

の改善を含む改善案を検討するという考え方である。

第 3 節	工程編成

学習のポイント

◆本節では、生産システムの骨格を構成する工程（個々の工程、工程の連鎖）の編成の基本的な考え方を解説する。

◆多量生産の典型的な生産方式であるライン生産の工程編成についてラインバランシングを中心として解説し、ラインの安定的な運営のための要点を理解する。

1 工程編成の種類と特徴

(1) 工程編成の意義

Ⅰ 工程編成の重要性

生産システムの骨格は、工程編成で決まる。生産の3要素といわれている人、機械・設備、原材料にどのような役割（仕事、作業）を割り振り、それらを空間的・時間的にどのように配置し、運営するかを計画するのが工程編成である。

工程編成は、生産計画を達成するためにあらゆる生産準備を計画する活動であり、工場の基本的な生産能力を決めるものである。その内容は多岐にわたり、受注形態（受注生産、見込生産）、生産ロットサイズ、加工・組立生産またはプロセス生産などによって異なるが、基本的には、工程設計→作業設計→工程間の物流設計およびレイアウト設計が中心となる。

工程設計の段階では、製品設計で指定された製品品質を確保し、生産量や納期を考慮した工程計画表を作成し、最適な生産設備を選定するこ

とが重要である。ここで、必要に応じて金型や治工具を設計し、工程の流し方を決定する。

　次の作業設計の段階では、各工程における生産実施計画の細部が決められる。人と機械の最適なかかわりを考慮し、人の作業手順と機械・設備の稼働状況を対応させたマンマシンチャートを作成し、具体的な作業標準書にまとめる。

　工程間の物流設計の段階では、工程間の運搬（モノの取り扱いと移動）に種々の運搬装置を組み合わせ、生産効率を最大化するように計画する。

　レイアウト設計の段階では、計画した生産量に対してそれぞれの納期を満足し、できるだけモノの流れが滞留することなく円滑に、かつ工程間の仕掛量（在庫）を最小にする人と機械の空間的配列を決定する。

Ⅱ　工程編成と生産形態

　工場では、受注形態、生産品種と生産量、製品の流し方等の組み合わせにより、多様な生産形態が採用されており、社内・外の要求に応じて、それぞれ特徴のある生産が行われている。→第1章第2節

　「受注形態」と「生産品種と生産量」の関係について見ると、受注生産では注文のつど生産品種と生産量が決まるので、多種少量生産になることが多く、見込生産では生産者側が品種とその量をあらかじめ決めて生産するので、少種多量生産で計画的な生産を行うことが多いが、中量生産をすることもある。

　「生産品種と生産量」と「製品の流し方」の関係では、ある程度の生産量が長期的に見込める多量生産では連続生産を、個々の注文で1回当たりの生産量が少ない少量生産では個別生産をとることが多い。長期的な継続生産を見込めるが、毎日連続して生産するほど生産量がない場合には、ある程度の生産量をロットとしてまとめ、何回か繰り返して間欠的に生産するロット生産をとる。

　この相互関係をまとめたものが前掲の図表1-2-1である。

　同じ工場でも、職場ごとにその生産形態は異なる。たとえば、自動車工場では、最終組立職場は連続生産を、車体プレス職場はロット生産を、

試作や金型・治工具製作職場は個別生産をしている。

　特に、品種・品質・価格の競争の激しい社会環境のもとで生産が要請されている今日、顧客の需要変動を予測し、それにいかに迅速に対応するかが重要である。生産品種と生産量の変動に効率的に対応できるような変種変量生産体制を確立しておく必要がある。部品または中間製品のある段階までを見込生産しておき、受注確定に対応して最終製品を短い期間で生産する方式は有効である。

（2）工程編成のタイプと利点・欠点

　工程編成の典型的なタイプは、仕事の流し方に対応させて、ライン編成、機能別編成、固定式編成に分類される。この分類は、レイアウトの3つの基本的なタイプである流れ系列式レイアウト、機能式レイアウト、固定式レイアウトにも対応している。また、作業組織の分類から、ライン編成は製品別（品種別）組織、機能別編成は機能別組織に対応しており、これらの編成が工程編成の基礎となっている。

　ここでは、工程編成の各タイプについて、その概要と特徴を説明する。

Ⅰ　ライン編成

　多量生産で採用される流れ作業の典型的な方式で、同じ製品もしくは類似仕様の製品を工程順に配置された人と機械・設備で連続的に生産する。

　生産管理の側面からライン編成の利点は次のようにまとめられる。

① 計画生産の確保——生産量が確保されており、一定の生産速度を維持できるので、生産計画が容易で、仕掛量を減らすことができる。また、生産期間が短縮する。

② 品質の確保——作業が標準化され安定し、製造品質の均一化を図ることができる。

③ 標準原価の維持——長期的に安定した能率で生産が行われるので、標準原価を維持しやすい。

④ 習熟期間の短縮——分業により標準化・単純化された作業の繰り返しが多く、適性配置により未熟練者でも短期間で習熟する。

⑤　運搬労力の軽減――工程が最短距離で配置されており、部品供給
　　が工程ごとに行われるので、作業者の運搬労力が軽減する。
　製品品種を中心に編成された作業組織・運営の側面からは次のような
利点がある。
　①　ライン全体を常時監視できるので、作業遅れや異常の発生を早い
　　　時期に発見できる。予防対策・回復対策をとりやすく、工程管理を
　　　徹底できる。逆に、1工程でトラブルが発生するとライン全体が停
　　　止することになる
　②　工程ごとの作業が単純化・専門化するので、作業者の訓練が容易
　　　で、専用の機械化を進めやすい
　③　作業の標準化が進み、品質管理を徹底することができる
　④　流れの方向が一定化し、また運搬距離も短いので、運搬の機械化
　　　が容易で、運搬コストを低減できる
　⑤　作業者の間接作業が少なく、稼働率を上げられる
　⑥　工程間の仕掛品を減らすことができ、生産期間が短縮する

〈ライン編成の形態〉
　ライン編成も種々の形態があり、製品の形状や重量、生産数量、作業
時間、作業内容、予算等の条件を検討してどの形態が適しているか決め
なければならない。→図表4-3-1
　①　手送り式――作業ステーション間の製品の移動を人力で行う方式
　　　である。完全に人手で送る場合と、運搬機器（台車やローラコンベ
　　　ヤ）を利用する場合がある。
　　　　この方式は、比較的少量の生産に適している。小物・軽量の場合
　　　には、移動が容易で、運搬距離も短くなるので作業性がよい。大物
　　　や小ロット生産でも、生産速度が遅く、移動時間に対して加工時間
　　　が相対的に大きければ、移動はそれほど問題ではない。
　②　コンベヤ式――作業ステーション間の移動を機械的・自動的に行
　　　うコンベヤを用いる方式である。流れ作業の典型的な方式で、等間
　　　隔に置かれた製品が一定の時間間隔で前進するので、作業者の時間

図表４-３-１ ● ライン編成の形態別分類

種　別	説　明	細　別	
手送り式	作業ステーション間の移動は、作業者の手による	単純手送り	個別手送り式 シンクロ式
		器具利用	ローラコンベヤ シュート 台車
コンベヤ式	作業ステーション間の移動は、機械的または自動的	静止作業	ベルトコンベヤ ターンテーブル
		移動作業	チェーンコンベヤ （つり下げ式、牽引式）
タクト式	一定期間ごとに一斉に次の作業ステーションへ移動する	物進式	手送り式 コンベヤ式
		人進式	加工品は一定位置に 固定し移動せず

出所：並木高矣『工程管理の実際』日刊工業新聞社を一部変更

的・精神的な拘束性が大きい。コンベヤシステムには、静止作業式コンベヤシステムと移動作業式コンベヤシステムがある。

　静止作業式は、作業者がコンベヤ上の品物をいったん作業台に移し、静止した品物に対して作業を行う方式である。この場合、作業を終えてから作業者は品物をコンベヤに戻すことになる。

　移動作業式は、コンベヤ上を（ゆっくりと）移動中の品物に対して作業を行う方式である。品物はコンベヤに固定され、作業者は、コンベヤ上に乗り込んで、または動いているコンベヤとともに移動しながら作業を行う。大物・重量物に適用され、作業者の拘束性は大きい。

③　タクト式──手送り式でもコンベヤ式でも採用できる方式で、作業中は製品が静止しており、一定の時間（サイクルタイム、タクトタイム、ピッチタイム）ごとに各作業ステーションが一斉に作業者または製品が次作業ステーションに移動する。タクトタイムは比較的長く、中量・少量生産に適している。

　物進式は、静止状態で作業し、タクトタイムごとに次作業ステーションに製品が一斉に移動する。

　人進式は、タクトタイムごとに作業者が次作業ステーションに一斉に移動する方式で、大物で移動が困難な場合でも流れ作業化ができる。

図表4-3-2に、典型的なコンベヤの利用方法を示す。

図表4-3-2 ●典型的なコンベヤの利用方法

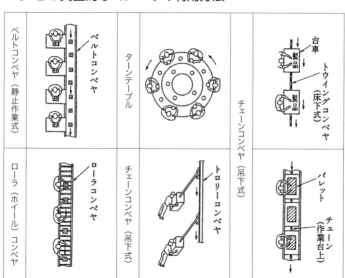

出所：並木高矣ほか『多品種少量生産の流れ作業−モジュール生産システム』日刊工業新聞社

Ⅱ　機能別編成

　多種少量生産に多く採用される編成で、同種または類似の機能を有する機械・設備（機種別）または職場（専門作業別）をグループとしてまとめて配置する。原材料・部品を必要とする加工・組立のグループを順に巡って完成品となる。機能別編成には、次のような利点がある。

① 生産品種や生産量の変動に対して融通がきき、工程順序や作業内容に大幅な変更がない限り、特に配置変更をしなくてよい。

② 流れが一定せず、原材料の取り扱いが複雑になるが、個々の機械・設備の稼働率を高めることができ、少ない設備投資でよい。

③ 機種別・作業別のグループとしているので、専門的な管理や監督ができる。技術管理が容易である。

④ 設備の故障や原材料切れ、作業者の欠勤などが発生しても、その影響を最小限にくいとめ、生産を継続できる。

なお、機能別編成の利点はほぼライン編成の欠点となり、ライン編成の利点は機能別編成の欠点となる。

Ⅲ 固定式編成

一品生産や移動が困難な大型製品を生産する場合、原材料や製品を一定場所に固定し、そこに人や機械・設備、工具が移動して作業を行う。製品本体を移動させるコストが高く、設備や治工具の運搬が容易な場合に採用される。また、作業および管理体制は大型・複雑製品になるほど親方式といわれる形態が多い。つまり、作業は職種によって大別され、職種ごとに多能熟練工がリーダー（親方）となって作業グループを編成するもので、管理は中央で基本的な職種の投入順序を計画して、現場の管理は親方に一任する場合が多い。この固定式編成には、次のような利点がある。

① 製品本体の運搬のためのスペースを必要としないので、最少限のスペースで生産できる

② 組織的なレイアウト技術を必ずしも必要としない

③ 設計変更や工程変更があっても処理が容易である

2 ラインバランシングの基礎

ラインバランシングとは、「生産ラインの各作業ステーションに割り付ける作業量を均等化する方法」（JIS Z 8141：2022-3403）と定義される。

作業者と機械・設備（ステーション）を工程順（生産対象物の流れに沿って）に配置し、各作業ステーションにできるだけ均等になるように作業量を割り付けて、作業者の手待ちをなくし、生産対象物が滞留することなく流れるようにする手法である。

　1個の製品の加工・組立に必要な作業は、いくつかの要素作業に分割される。各要素作業について、作業遂行のために必要な作業時間を標準時間として設定し、要素作業を遂行する優先順位関係（技術的制約としての先行関係）を明らかにしておく。すべての要素作業の作業時間の総和を総作業時間という。優先順位関係を満たしながら、サイクルタイム（稼働時間と生産量から決定される）を超えない範囲で、各作業ステーション（総作業ステーション数は、総作業時間とサイクルタイムから決定される）に作業要素の合計時間が均等化するよう割り付けることをラインバランシングという。

　ラインバランシングを含めたライン編成のフローを図表4-3-3に示す。

（1）ラインの基本要素

Ⅰ　ラインの成立条件

　ライン編成による流れ作業を成立させる条件は、空間的条件と時間的条件である。この2条件を同時に満足させて初めて理想的な流れ作業が成立し、ライン編成の利点を十分生かすことができる。

　①　空間的条件──工程順に配置された作業ステーション（作業者と機械・設備）は近接しており、その間隔が適正であること。各作業ステーションの占有長さは同じで、生産対象物が一定方向（一列並び）に流れること。

　②　時間的条件──各作業ステーションに割り付けられた作業要素の合計時間が均等化し、一定の時間間隔で次の作業ステーションに生産対象物を送るようにすること。

　この2条件は、一定方向に、一定時間間隔・1個送りでモノを流すこ

図表4-3-3 ● ライン編成のフロー

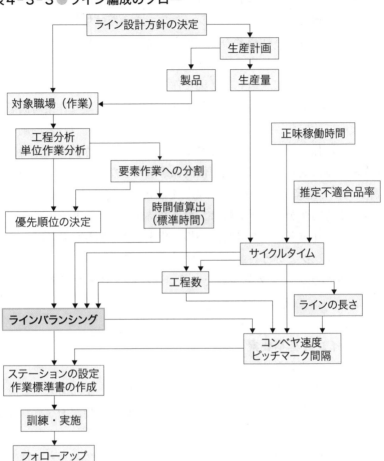

とを原則としている。一般に、空間的条件は比較的確保しやすいが、時間的条件の確保は困難なことが多い。技術的な制約である優先順序関係を満たし、各作業ステーションの時間的なバランスを完全にとることは難しい。実際には、この条件をある程度緩和しても（多少の作業時間のアンバランスがあっても）、ライン編成による利点を生かした効果を期待できる。

Ⅱ　サイクルタイム（ピッチタイム）と作業ステーション数

　サイクルタイムとは、「生産ラインに資材を投入する時間間隔。注釈1通常、製品が産出される時間間隔に等しい」（JIS Z 8141：2022-3409）と定義される。ピッチタイム、サイクル時間ともいう。ラインの最終作業ステーションから完成品が送り出される時間間隔を規定するもので、ラインの生産能力が決定される。基本的には、サイクルタイムは次式により求められる。

$$サイクルタイム = \frac{正味稼働時間}{目標生産量}$$

　作業ステーションでの不適合品発生を考慮する場合には、必要生産量/（1−推定不適合品率）を実質的な目標生産量としなければならない。
　このサイクルタイムと総作業時間から理論上の作業ステーション数は、次式により求められる。

$$必要作業ステーション数 = \frac{総作業時間}{サイクルタイム}$$

　作業ステーション数は整数値であるので、小数点以下を切り上げる。ここで求めた作業ステーション数で作業を割り付けていったときにどうしてもうまくバランスがとれなければ、作業ステーション数を増やすことが必要になることもある。

（2）ラインバランシング

　ラインバランシングでは、作業の組み合わせの可能性を大きくするために、作業をできるだけ細かい単位に細分化するのが有利であるが、細分化しすぎると時間設定などが煩雑になるので、作業として要素作業の細かさを用いるとよい。その要素作業の優先順位関係を図表4-3-4のようなダイヤグラムで表す。
　図表4-3-4の○印は要素作業を表し、図表中の番号は要素作業番号、

図表4-3-4 ● 要素作業の優先順位関係

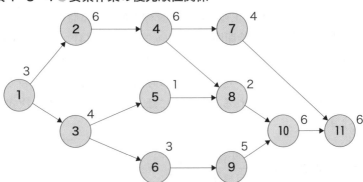

右上の数字はその要素作業の時間値である。矢印による優先順位関係を見ると、たとえば、要素作業⑧は、前の④と⑤が終われば作業を行うことができ、⑨は⑥が終われば作業を始められるということがわかる。

この例で、要素作業時間の和である総作業時間が46だから、サイクルタイムを10とすれば、

$$作業ステーション数 = \frac{46}{10} = 4.6 \rightarrow 5$$

となる。ここで、5作業ステーションに優先順位関係を満たしながら、サイクルタイムを超えない範囲で、作業時間（負荷）が均一になるように、①から⑪のすべての要素作業を割り付けていく。各要素作業を図表4-3-5（ピッチダイヤグラム）のように配分すれば、5作業ステーションでバランスがとれる。

もし可能であれば、第4作業ステーションの時間を9に増やし、第2作業ステーションまたは第5作業ステーションの時間を9に減らせれば、各作業ステーションの時間の均一化を図れる。

ラインのバランス状態がどの程度よいか悪いかを判断する主要な尺度に編成効率と組余裕率がある。

図表4-3-5 ●ラインバランシングの例解

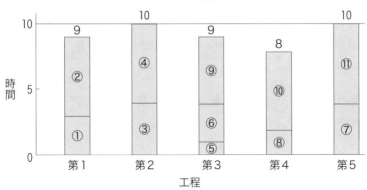

I　編成効率

　各作業ステーションに割り付けた要素作業の合計時間の一番大きな作業ステーションをボトルネック作業ステーションといい、その作業ステーションの時間をボトルネックタイムという。ボトルネックタイムはサイクルタイムを超えることはない。編成効率は、ライン全体の能力（時間）を分母として、次式により求められる。

$$編成効率 = \frac{総作業時間}{作業ステーション数 \times サイクルタイム}$$

　図表4-3-5では、ボトルネックタイムは第2作業ステーションと第5作業ステーションの10時間で、サイクルタイムと等しいので、

$$編成効率 = \frac{46}{10 \times 5} = 0.92$$

となる。

II　バランスロス、組余裕率

　サイクルタイムを超えない範囲で各作業ステーションに作業要素を割り付けるので、各作業ステーションの時間とサイクルタイムとの差が手

待ち時間となる。多くの場合、ライン全体の能力に対する各作業ステーションの手待ち時間の合計の割合をバランスロスという。

$$バランスロス = \frac{各作業ステーションの手待ち時間の合計}{作業ステーション数 \times サイクルタイム} = 1 - 編成効率$$

前掲の図表4-3-5では、第1・第3・第4作業ステーションに手待ち時間があるので、

$$バランスロス = \frac{1+1+2}{10 \times 5} = 0.08$$

となる。

また、総作業時間に対する手待ち時間の合計の割合を組余裕率といい、次式により求められる。

$$組余裕率 = \frac{各作業ステーションの手待ち時間の合計}{総作業時間} = \frac{1+1+2}{46} = 0.087$$

Ⅲ　ラインバランスのとり方

ラインバランシングはケースによって異なるが、作業時間の均一化と安定化のために、基本的に次のことを考慮する必要がある。

①　生産ラインの設計を開始する前に、方法改善により、要素作業時間の低減と作業の安定化を図る。

②　作業の機械化・自動化、治工具の活用により、要素作業時間の短縮や安定化を図る。

③　重作業と軽作業、難しい作業とやさしい作業は分割して配分する。同種の要素作業や同一箇所の要素作業はなるべく同じ作業ステーションに集める。

④　高価な測定・検査機器や工具を使用する要素作業は、同じ作業ステーションに集め、数を少なくして稼働率を高める。

⑤　サイクルタイムを大幅に超える作業ステーションには、2人以上

または2台以上の機械・設備を配置し、作業ステーションを並列化してバランスをとる。たとえば、同じ作業内容の作業ステーションを2つ並列化した場合、流れてきた品物を交互に振り分けることによって、そのうちの1つの作業ステーションでは、サイクルタイムの2倍の時間を作業時間として使用可能になると考えられ、並列化した後の作業ステーションでは、サイクルタイムが維持されることになる。

⑥　ボトルネック作業ステーションまたは時間短縮が困難な作業ステーションには、熟練者を配置して、作業時間の短縮化を図る。

⑦　生産ラインの設計を行っている間においても、作業方法の改善により、ボトルネック作業ステーションや不安定な作業ステーションの作業時間の低減と作業の安定化を徹底することが重要である。

⑧　作業時間の変動や能力の過不足がある場合には、その作業ステーションの前後に中間ストック（仕掛品）を設けて、作業の遅れが後作業ステーションに影響しないようにする。

⑨　流れ生産では、製品間隔（作業域）の拡大または短縮を図り、作業ステーションの作業時間の変動を吸収する。

⑩　作業ステーション間の負荷（仕事量）の過不足に合わせて、前後作業ステーションの作業者間で掛けもち作業を行う、または、予備員を配置して作業ステーション間の能力を調整する。この予備員は、どの作業ステーションの作業も遂行できる多能工でなければならない。

（3）ラインの運営

I　部品供給

部品供給とは、「職場、ライン、機械、工程又は作業者へ原料、材料及び部品を供給する行為」（JIS Z 8141：2022-5402）と定義される。ラインの円滑な運営のために、必要な部品を必要な量だけ、必要な時期に、確実に供給することが重要な課題となる。

部品供給は、供給方法によって、同期化供給とロット供給に大別され

る。同期化供給は、各作業ステーションの生産速度（サイクルタイムなど）に同期化させて必要な原材料や部品のみを供給する方式である。ロット供給は、必要な部品または構成品を所定のロット単位で部品箱やパレットなどで供給する方式である。

　供給部品のそろえ方には、①各作業ステーションで必要な部品を部品ごとに分けて供給する方式と、②製品や組立品に必要な各種の部品を1セットとして、そのセット単位で部品をそろえて供給する方式（マーシャリング、キット方式またはセット方式という）、に大別される。これらには、同期化供給とロット供給の場合がある。本来のマーシャリングは、製品1単位分の組立部品を事前にそろえ、コンベヤを利用して順次供給する方式で、一種の同期化供給である。

Ⅱ　ラインの維持・運営

　合理的に編成されたラインであっても、原材料の遅れや不適合品の発生、機械故障、欠勤などがあると所期の効果が得られなかったり、ラインストップが発生し、多大な損失が生じる。そこでこれらの問題を解決してラインの能率を常に正常に維持するには、ラインの編成時に内部管理の充実や関連部門の協力体制の確立が必要である。

①　外注・部品管理の強化──部品供給の遅れはラインストップを生じ、その損失は特に大きい。部品遅れの原因は種々あるが、主に工程管理や外注管理の不備が挙げられる。そのためには部品の常備品化や部品管理の強化が必要である。外注品の遅れに対しては、外注先の責任を追及する以前に、内部管理を再検討する必要がある。

②　設備管理の強化──設備故障によるラインストップの防止も重要な課題である。そのための基本対策としては、予防保全体制の確立がある。ラインにおいては、設備の故障を未然に防ぐことが重要であり、そのための組織や教育が必要である。また、予備機を保有するなど編成時に各種の問題を想定し、十分な対策を立てておくことが重要である。

③　欠勤対策・予備員の配置──作業者の欠勤や離席は、ラインの円

滑な運営に大きな障害となる。そのための基本的な対策として労務管理の強化が挙げられる。管理体制の適正化、人間関係の円滑化、モラールの高揚などが重要である。また、多能工による予備員の配置も重要で、ラインや職場単位で対策する必要がある。

④　品質管理の強化——素材や部品、半製品の不適合は流れを中断することになる。その対策は、受入検査の強化や外注工場の品質管理の徹底による無検査制度・保証納入制度を確立することである。作業ステーションでは、自主検査の徹底や作業ステーション検査での品質情報の迅速な作業ステーションへのフィードバック体制の確立が重要である。

⑤　作業者の教育訓練の強化——各作業者の作業方法によってはライン全体の能率に直接影響する。特に新人は適性を考慮し、訓練計画に基づいて短時間で作業時間の短縮や品質の安定化を図る必要がある。また、ジョブローテーションなどにより、多能工化を進め、ラインの柔軟性を高めると同時に、単調感の解消やモラールの高揚を図る。

第4章　理解度チェック

次の設問に、○×で解答しなさい（解答・解説は後段参照）。

1　定量発注方式を採用している工場で、年間の総所要量6,500個、部品単価1,500円、年間の在庫維持費用比率20%、1回当たりの発注費用3,000円とした場合の経済的発注量は360個である。

2　IEおよびその分析手法に関する次の記述のうち、誤っているものを2つ選びなさい。
①　IEの役割の1つである確立とは、多くのデータを集積し、整理し、数値化して意思決定に役立たせることである。
②　サーブリッグ分析のG（つかむ）は、対象物を手のコントロール下に入れるという意味がある。
③　レイティング係数が100より大きい作業は、標準的な作業スピードよりも遅いときである。

3　ラインバランシングでは、各作業ステーションに作業時間を均等に配分することだけを考慮すればよい。

4　マーシャリングとは、製品や組立品に必要な各種の部品を1セットとして、そのセット単位で部品をそろえて供給する方式のことを指す。

5　「バランスロス＝1－編成効率」で示される。

6　固定式編成には、設備の故障や原材料切れ、作業者の欠勤などが発生しても、その影響を最小限にくいとめ、生産を継続できるといった利点がある。

第4章　理解度チェック

1 ◯
経済的発注量の算出式 $Q=\sqrt{\dfrac{2PS}{CI}}$ に、数値を入れて算出すればよい。

$$Q=\sqrt{\dfrac{2\times3,000\times6,500}{1,500\times0.2}}=360個$$

2 ① ✕
IEにおける確立とは、手順化、標準化してだれが行ってもいつも同じように作業ができるようにすることである。
③ ✕
レイティング係数が100より大きい作業は、作業者が標準スピードより速いペースで作業を行っていることを示している。

3 ✕
ラインの効果的な維持・運営を図るためには、時間のバランスのみを追求するのではなく、作業の特性（難易、軽作業・重作業、など）や作業者の配置などを含めて考慮しなければならない。

4 ◯

5 ◯

6 ✕
設問は機能別編成の場合の利点である。

┃ 参考文献 ┃

坂本碩也・細野泰彦『生産管理入門〔第4版〕』オーム社、2022年

千住鎮雄・佐久間章行・矢田博・川瀬武志・中村善太郎『経営工学シリーズ14 作業研究〔改訂版〕』日本規格協会、1987年

中島健一『モノづくりマネジメント入門』日科技連出版社、2020年

中村善太郎『もの・こと分析で成功するシンプルな仕事の発想法』日刊工業新聞社、2003年

並木高矣『資材購買管理の要点』評言社、1983年

並木高矣編『工程管理の実際〔第4版〕』日刊工業新聞社、1982年

並木高矣・倉持茂・武岡一成『多品種少量生産の流れ作業－モジュール生産システム』日刊工業新聞社

日科技連FIE運営委員会編『IEによる職場改善実践コーステキスト』日科技連出版社

日本経営工学会編『生産管理用語辞典』日本規格協会、2002年

日本産業規格：JIS Z 8141：2022『生産管理用語』、2022年

日本MH協会編『マテリアルハンドリング便覧』日刊工業新聞社、1987年

日本マンパワー編『中小企業診断士受験講座 生産管理』日本マンパワー

藤田彰久『新版 IEの基礎』建帛社、1997年

山崎栄『資材購買管理』日本マンパワー、1995年

山崎栄・武岡一成『運営管理－生産管理』評言社、2001年

吉本一穂『生産現場の設計・管理・改善』東神社、2000年

渡邉一衛編「IEr養成コース入門コーステキスト」日本IE協会

索引

——ビジネス・キャリア検定試験のご案内——

（令和5年4月現在）

●等級区分・出題形式等

等級	等級のイメージ	出題形式等
1級	企業全体の戦略の実現のための課題を創造し、求める目的に向かって効果的・効率的に働くために、一定の専門分野の知識及びその応用力を活用して、資源を統合し、調整することができる。（例えば、部長、ディレクター相当職を目指す方）	①出題形式　論述式 ②出題数　2問 ③試験時間　150分 ④合否基準　試験全体として概ね60%以上、かつ問題毎に30%以上の得点 ⑤受験料　11,000円（税込）
2級	当該分野又は試験区分に関する幅広い専門知識を基に、グループやチームの中心メンバーとして創意工夫を凝らし、自主的な判断・改善・提案を行うことができる。（例えば、課長、マネージャー相当職を目指す方）	①出題形式　5肢択一 ②出題数　40問 ③試験時間　110分 ④合否基準　出題数の概ね60%以上の正答 ⑤受験料　7,700円（税込）
3級	当該分野又は試験区分に関する専門知識を基に、担当者として上司の指示・助言を踏まえ、自ら問題意識を持ち定例的業務を確実に行うことができる。（例えば、係長、リーダー相当職を目指す方）	①出題形式　4肢択一 ②出題数　40問 ③試験時間　110分 ④合否基準　出題数の概ね60%以上の正答 ⑤受験料　6,200円（税込）
BASIC級	仕事を行ううえで前提となる基本的知識を基に仕事の全体像が把握でき、職場での円滑なコミュニケーションを図ることができる。（例えば、学生、就職希望者、内定者、入社してまもない方）	①出題形式　真偽法 ②出題数　70問 ③試験時間　60分 ④合否基準　出題数の概ね70%以上の正答 ⑤受験料　3,300円（税込）

※受験資格は設けておりませんので、どの等級からでも受験いただけます。

●試験の種類

試験分野	試　験　区　分			
	1 級	2 級	3 級	BASIC級
人事・人材開発・労務管理	人事・人材開発・労務管理	人事・人材開発	人事・人材開発	
		労務管理	労務管理	
経理・財務管理	経理・財務管理	経理	経理（簿記・財務諸表）	
			経理（原価計算）	
		財務管理（財務管理・管理会計）	財務管理	
営業・マーケティング	営業・マーケティング	営業	営業	
		マーケティング	マーケティング	
生産管理	生産管理	生産管理プランニング	生産管理プランニング	生産管理
		生産管理オペレーション	生産管理オペレーション	
企業法務・総務	企業法務	企業法務（組織法務）	企業法務	
		企業法務（取引法務）		
		総務	総務	
ロジスティクス	ロジスティクス	ロジスティクス管理	ロジスティクス管理	ロジスティクス
		ロジスティクス・オペレーション	ロジスティクス・オペレーション	
経営情報システム	経営情報システム	経営情報システム（情報化企画）	経営情報システム	
		経営情報システム（情報化活用）		
経営戦略	経営戦略	経営戦略	経営戦略	

※試験は、前期（10月）・後期（2月）の2回となります。ただし、1級は前期のみ、BASIC級は後期のみの実施となります。

●**出題範囲・試験日・お申し込み方法等**

　出題範囲・試験日・お申し込み方法等の詳細は、ホームページでご確認ください。

●**試験会場**

　全国47都道府県で実施します。試験会場の詳細は、ホームページでお知らせします。

●等級区分・出題形式等及び試験の種類は、令和5年4月現在の情報となっております。最新情報は、ホームページでご確認ください。

●**ビジキャリの学習体系**

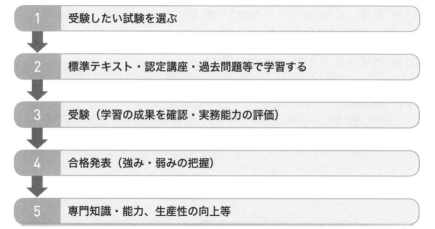

1	受験したい試験を選ぶ
2	標準テキスト・認定講座・過去問題等で学習する
3	受験（学習の成果を確認・実務能力の評価）
4	合格発表（強み・弱みの把握）
5	専門知識・能力、生産性の向上等

●**試験に関するお問い合わせ先**

実施機関	中央職業能力開発協会
お問い合わせ先	中央職業能力開発協会　能力開発支援部 ビジネス・キャリア試験課 〒160-8327 東京都新宿区西新宿7-5-25　西新宿プライムスクエア11階 TEL：03-6758-2836　FAX：03-3365-2716 E-mail：BCsikengyoumuka@javada.or.jp URL：https://www.javada.or.jp/jigyou/gino/business/index.html

【専門知識】生産管理プランニング **3級**〔第4版〕
テキスト監修・執筆者一覧

監修者

渡邉 一衛　成蹊大学　名誉教授

執筆者（五十音順）

木内 正光　玉川大学 経営学部 国際経営学科　准教授
　　　　　　…第1章・第3章

中島 健一　早稲田大学 社会科学総合学術院　教授
　　　　　　…第4章（第1節）

細野 泰彦　元 東京都市大学 知識工学部 経営システム工学科　准教授
　　　　　　…第4章（第2節・第3節）

山品 博史　元 東芝ロジスティクス株式会社
　　　　　　…第2章

（※1）所属は令和5年5月時点のもの
（※2）本書（第4版）は、初版、第2版及び第3版に発行後の時間の経過等により補訂を加えたものです。
　　　初版、第2版、第3版及び第4版の監修者・執筆者の各氏のご尽力に厚く御礼申し上げます。

【専門知識】生産管理プランニング **3級**〔第3版〕
テキスト監修・執筆者一覧

監修者

渡邉 一衛 成蹊大学 理工学部 情報科学科 教授

執筆者（五十音順）

筧 宗徳 東京理科大学 理工学部 経営工学科 助教

木内 正光 城西大学 経営学部 准教授

竹安 数博 常葉大学 経営学部 教授

玉木 欽也 青山学院大学 経営学部 教授

中島 健一 神奈川大学 工学部 経営工学科 教授

山品 博史 東芝ロジスティクス株式会社

（※1）所属は平成27年3月時点のもの
（※2）本書（第3版）は、初版、第2版に発行後の時間の経過等により補訂を加えたものです。
　　　初版、第2版及び第3版の監修者・執筆者の各氏のご尽力に厚く御礼申し上げます。

生産管理プランニング **3級**〔初版・第2版〕
テキスト監修・執筆者一覧

監修者

渡邉 一衛　成蹊大学 理工学部 情報科学科　教授

竹岡 一成　総合能率研究所　所長
　　　　　　　元 玉川大学 工学部 経営工学科　教授

執筆者（五十音順）

河原　巌　中央大学 理工学部 経営システム工学科　准教授

玉木 欽也　青山学院大学 経営学部　教授

山崎　榮　元 玉川大学 工学部 経営工学科　教授

山品 博史　東芝物流株式会社 情報産業機器ロジ事業部 業務担当グループ長

渡邉 一衛　成蹊大学 理工学部 情報科学科　教授

（※1）所属は平成19年9月時点のもの
（※2）初版、第2版の監修者・執筆者の各氏のご尽力に厚く御礼申し上げます。

MEMO

MEMO

MEMO

ビジネス・キャリア検定試験標準テキスト

【専門知識】生産管理プランニング 3級

平成19年12月28日　初　版　発行
平成20年9月12日　第2版　発行
平成27年4月17日　第3版　発行
令和5年5月18日　第4版　発行

編　著　中央職業能力開発協会

監　修　渡邉 一衛

発行所　中央職業能力開発協会
　　　　〒160-8327 東京都新宿区西新宿7-5-25 西新宿プライムスクエア11階

発売元　株式会社 社会保険研究所
　　　　〒101-8522 東京都千代田区内神田2-15-9 The Kanda 282
　　　　電話：03-3252-7901（代表）

ISBN978-4-7894-9933-0 C2036 ¥2500E
©2023 中央職業能力開発協会 Printed in Japan